Bücher fürs Leben

Bücher fürs Leben

Echtzeit Verlag

Vorwort

Ausgerechnet leidenschaftliche Leser kann man mit zwei simplen Fragen ins Grübeln bringen. Fragt man, weshalb sie gerne lesen, wissen viele erst mal keine überzeugende Antwort. Sie tun es eben, weil es eine angenehme Gewohnheit geworden ist. Oder man kann sich nur nicht vorstellen, was es Schöneres gibt, als abends, gegen ein grosses Kissen gelehnt, im Schein einer Nachttischlampe lesend darauf zu hoffen, dass man anders aus einem Buch herausgeht, als man eingestiegen ist. Die zweite Frage ist die nach dem persönlichen Leseplan. Welches Buch wird als nächstes in Angriff genommen und warum?

Erschüttert beendet einer zum Beispiel Dostojewskis *Der Idiot* und beginnt anderntags wie selbstverständlich in einem der besseren Bücher von Stephen King zu lesen, vielleicht in seinem Roman *Das Mädchen*. Andere lassen sich in Buchhandlungen beraten. Doch die haben dasselbe Problem wie die Reisebüros: Deren Personal weiss natürlich viel zu wenig über die Vorlieben, die Leseerfahrung und die Risikofreude des Suchenden. Weshalb man sich dann schnell mal mit einem fast beleidigend schlichten Elaborat von Paulo Coelho an der Kasse wiederfindet, bloss weil man dem gut meinenden Verkäufer gesagt hat, dass man *Der Krieg am Ende der Welt* mochte, das Buch eines gekonnt schreibenden Südamerikaners. Notorische Leser wissen daher, dass der beste Führer durch das komplizierte Gelände der Literatur die Begeisterung eines anderen Lesers für ein bestimmtes Buch ist. Dabei spielt es gar keine Rolle, ob man diesen anderen Leser persönlich kennt oder nicht. Entscheidend ist allein die Überzeugungskraft des Schwärmenden, seine Fähigkeit, die Liebe zu (oder der Schrecken über) ein Buch in Worte zu fassen.

Vor etwas mehr als einem Jahr ist der Echtzeit-Co-Verleger Wendelin Hess (und ehemalige Art-Direktor unseres Blattes) mit dem Vorschlag an uns herangetreten, in irgendeiner Form im MAGAZIN regelmässig Bücher vorzustellen. Wohl wissend, dass die Leser unseres Heftes Menschen sind, die pro Jahr immer noch mehr Bücher kaufen als Taschen oder Schuhe. Nun, jeder Verleger wünscht sich, dass mehr über Bücher geschrieben wird. Wöchentliche Buchkritiken, waren wir uns einig, das interessiert uns nicht. Weshalb überhaupt Worte verlieren über Bücher, die man auf gar keinen Fall lesen sollte?

Schliesslich kam die Idee auf, im «Westflügel» an der Zürcher Viaduktstrasse, einem kleinen Buchladen, ein Sortiment anzubieten, das ausschliesslich aus empfohlenen Büchern besteht. Unsere Redaktion hat daraufhin die verschiedensten Persönlichkeiten um eine Hommage an ihr «Buch fürs Lebens» gebeten. Unserem Aufruf folgten Schriftstellerinnen und Schriftsteller wie Melinda Nadj Abonji, John Irving und Peter Stamm, weil diese wissen, dass man zunächst mal ein ungeheurer Leser sein muss, um ein guter Autor zu werden. Ausserdem erzählten Musiker wie der Popstar Justin Timberlake und der Dirigent Michael Tilson Thomas, wer bei ihnen den literarischen Takt vorgibt (nämlich Malcolm Gladwells *Überflieger* beziehungsweise Walt Whitmans *Grasblätter*). Der Hollywood-Schauspieler Tim Robbins begeisterte sich für Irvings Roman *Garp*, der Politiker Pascal Couchepin für Conrads *Lord Jim,* das Model Jerry Hall für das berühmte Epos *Auf der Suche nach der verlorenen Zeit* von Marcel Proust – und die Moderatorin sowie Bestseller-Autorin Charlotte Roche ging in ihrer Euphorie über Jonathan Safran Foers Sachbuch *Tiere essen* sogar so weit, dass sie sich das Cover als lebendige Erinnerung an dessen Botschaft auf den Arm tätowieren liess.

Für diesen Band haben wir gemeinsam mit Chris und Rea Eggli vom «Westflügel» 60 dieser Texte ausgewählt. Entstanden ist kein Kanon der Literatur – auch haben wir nicht den Anspruch, in irgendeiner Form eine Bestenliste zu präsentieren. Denn das kluge Urteil eines einzigen wahren Lesers über ein Buch ist uns allemal wertvoller als die Begeisterung der Masse über alles, was irgendwo auf Platz eins einer Bestsellerliste steht.

Finn Canonica, Chefredaktor DAS MAGAZIN

Inhaltsverzeichnis

Johanna Adorján, Autorin — *73*
Joel Basman, Filmschauspieler — *28*
Bibiana Beglau, Theater- und Filmschauspielerin — *66*
Sibylle Berg, Schriftstellerin — *84*
Georg Brunold, Reporter und Autor — *49*
Reto Bühler, Programmleiter des Zürcher Jazzclubs Moods — *89*
Heliane Canepa, Managerin — *53*
Gion Mathias Cavelty, Schriftsteller — *52*
Pascal Couchepin, Alt-Bundesrat — *12*
Ralph Eichler, Präsident ETH Zürich — *82*
Dorothee Elmiger, Schriftstellerin — *42*
Asghar Farhadi, Drehbuchautor und Regisseur — *16*
Franz Gertsch, Künstler — *17*
Annette Gigon, Architektin — *65*
Helene Grass, Film- und Theaterschauspielerin — *104*
Peter Gut, Zeichner — *71*
Jerry Hall, Model — *14*
Jürg Halter aka Kutti MC, Dichter, Performer und Rap-Poet — *46*
Elke Heidenreich, Literaturkritikerin und Autorin — *97*
John Irving, Schriftsteller — *26*
Schorsch Kamerun, Regisseur und Musiker — *98*
Laura Koerfer, Theaterregisseurin — *99*
Elisabeth Kopp, Alt-Bundesrätin — *33*
Christian Kracht, Journalist und Schriftsteller — *45*
Tim Krohn, Autor — *44*
Anton Küng, Hoteldirektor Ritz, Madrid — *36*
Max Küng, Journalist — *80*
Remo H. Largo, Professor für Kinderheilkunde — *22*
Peter von Matt, Literaturwissenschaftler und Publizist — *17*
Martin Meuli, Chefarzt Chirurgie, Kinderspital Zürich — *79*

Melinda Nadj Abonji, Schriftstellerin — *15*
Dries van Noten, Modemacher — *18*
Mona Petri, Bühnen- und Filmschauspielerin — *90*
Peter Pfrunder, Direktor Fotostiftung Schweiz — *43*
Franka Potente, Schauspielerin — *25*
Tim Robbins, Regisseur, Schauspieler und Musiker — *35*
Charlotte Roche, Autorin und Moderatorin — *11*
Markus Ruf, Werber — *39*
Daniel Ryser, Reporter und Autor — *103*
Susanne Schenzle, Verlegerin — *54*
Ferdinand von Schirach, Strafverteidiger u. Schriftsteller — *28*
Gerhard Schwarz, Direktor Avenir Suisse — *51*
Felix H. Sennhauser, Ärztl. Direktor Kinderspital Zürich — *100*
Christoph Simon, Schriftsteller — *105*
Beda M. Stadler, Immunologe an der Universität Bern — *101*
Peter Stamm, Schriftsteller — *13*
Gerhard Steidl, Verleger — *102*
Nadine Strittmatter, Model — *27*
Sam Taylor-Wood, Künstlerin, Fotografin u. Regisseurin — *83*
Tinie Tempah, Rapper — *55*
Peer Teuwsen, Journalist — *56*
Michael T. Thomas, Musikdirektor, Dirigent u. Komponist — *92*
Justin Timberlake, Musiker und Schauspieler — *21*
Tom Tykwer, Regisseur — *41*
Frank Urbaniok, Gerichtspsychiater — *95*
Martin Walker, Schriftsteller und Historiker — *96*
Laura de Weck, Schauspielerin und Bühnenautorin — *34*
Markus Wieser, Buchhandelsvertreter — *64*
Stefan Zweifel, Literaturkritiker — *74*
Alle empfohlenen Bücher — *107*
Alle Bilder — *109*

Autorin und Moderatorin
Charlotte Roche

Jonathan Safran Foer: **Tiere essen**

Mein Buch fürs Leben muss Jonathan Safran Foers *Tiere essen* sein. Ich habe es gelesen und bin seitdem Vegetarierin. Schon über ein Jahr, ich bin ganz stolz darauf und Foer sehr dankbar. Also, jedem, der eigentlich weiss, dass es aus politischen und umwelttechnischen Gründen nicht in Ordnung ist, heutzutage noch Fleisch zu essen, empfehle ich dieses Buch, dann ist man ganz einfach ohne grosse Mühe weg von dem Scheisszeug. Man hat auch nicht das Gefühl, irgendwas zu vermissen, man lebt einfach und glücklich ein besseres Leben ohne Fleisch. Man hört auch auf, die grössten Schweinemenschen mit seinem Geld zu unterstützen. Weil, jetzt mal ehrlich, wir würden weinend zusammenbrechen, wenn wir mit unseren eigenen Augen sehen müssten, was für eine Industrie wir da unterstützen mit unserem Geld. Das darf man nicht einfach verdrängen. Eigentlich wissen wir, jeder einzelne von uns, das alles schon, wir wollen es nur nicht wahrhaben. Mich hat das Buch so beeindruckt, dass ich mir das Cover auf den Unterarm habe tätowieren lassen. Auch, um mich dran zu erinnern, falls ich doch mal schwach werden sollte in einem Restaurant beim Bestellen! Der Tätowierer war schwer beeindruckt, er hatte vorher noch nie ein Buchcover tätowiert, noch nicht mal die Bibel.

Ich bewundere Jonathan Safran Foer sehr für dieses Buch, seine anderen sind mir völlig egal. Er hat es geschafft, ein lustiges, ehrliches, lockeres Buch über den heutigen Fleischkonsum zu schreiben. Für mich ein Wunder. Ich bin ein Jünger von Foer.

Alt-Bundesrat

Pascal Couchepin

Joseph Conrad: **Lord Jim**

Diesen Klassiker las ich zwischen 20 und 30 erstmals und kürzlich wieder. Einerseits hatte ich immer gerne Abenteuerromane, die ferne Orte und Länder evozieren, andrerseits ist *Lord Jim* gleichzeitig eine moralische Erzählung, ein grosses Gleichnis. Jim ist ein junger englischer Seemann, der hochfliegende Träume hat, nach Ruhm strebt und schliesslich an seiner Aufgabe scheitert. Er ist Erster Offizier auf einem Schiff namens Patna, das eine grosse Zahl Pilger nach Mekka bringen soll. Als das Schiff zu sinken droht, lässt Jim die Passagiere im Stich, indem er mit der Crew flüchtet. Besatzung und Passagiere werden aber gerettet, Jim wird später angeklagt. Von nun an quälen ihn Schuldgefühle und Zweifel. Im Augenblick, als er der Held hätte sein müssen, als der er sich sah, konnte er es nicht.

Das ist eine Lektion, die viele Menschen lernen müssen. Wir haben Träume und stellen irgendwann fest, dass sie zu gross sind für die Realität. Mir war Jim immer sympathisch, trotz seiner Verfehlung. Er hatte Ambitionen, wollte etwas erreichen, und als er scheitert, rappelt er sich wieder auf. In unserer Gesellschaft hingegen haben die Leute keine grossen Träume und Ideale mehr, deshalb sind sie von Anfang an enttäuscht. Da ist mir Conrads Jim schon lieber. Das Buch ist in gewissem Sinn das Gegenstück zu seiner Erzählung *Taifun,* in der es auch um einen Seemann geht, diesmal aber um einen alten Kapitän, einen Tunichtgut, dem niemand etwas zutraut, der sich aber in der Situation höchster Not bewährt. Dort der junge Träumer, der scheitert, hier der ausgediente Alte, auf dessen Erfahrung und Ruhe man im Sturm plötzlich zählen kann.

Schriftsteller
Peter Stamm

Philippe Fix: **Serafin und seine Wundermaschine**

Ich habe sie nie gezählt, aber ein paar tausend Bücher sind es schon, die bei uns herumstehen und -liegen. Da fällt es schwer, ein Buch fürs Leben auszuwählen. Werde ich bei Lesungen nach Lieblingsautoren, nach Lieblingsbüchern gefragt, nenne ich immer andere, was mir gerade einfällt, was ich gerade lese. Leseerlebnisse lassen sich nicht in Ranglisten ordnen. Natürlich könnte ich einen Klassiker nennen, mehr zu meinem als zu seinem Ruhm. Aber wem ist damit geholfen?

Wenn ich an meine Lektüre denke, fallen mir nicht so sehr einzelne Werke ein, es ist mir eher, als führte ich neben meinem Leben in der Realität ein zweites in der Fiktion, das bevölkert wird von den unterschiedlichsten Gestalten, die alle miteinander verbunden sind, über die Buchdeckel hinweg. Da fällt mir ein Bild ein aus dem Buch *Serafin und seine Wundermaschine* von Philippe Fix, das meine Kinder lieben, genau so wie ich es als Kind geliebt habe. Eines Nachts verlassen da die literarischen Figuren aus Serafins Bibliothek die Bücher und vereinen sich in einem bunten Wimmelbild, auf dem die Meuterer von der Bounty den sieben Zwergen, Don Quichotte und den Rittern der Tafelrunde begegnen.

Serafins wunderbares Fantasiehaus wird am Ende des Buches von Baumaschinen bedroht, aber er entkommt und baut mit seinem Freund Plum eine Treppe in den Himmel, indem er die jeweils hinterste Stufe vorne wieder ansetzt und immer höher steigt. So ungefähr fühle ich mich als Leser, auf einer Treppe ohne Anfang und Ende, die ins Ungewisse führt, guten Mutes und voller Erinnerungen und voller Erwartungen.

Model
Jerry Hall

Marcel Proust: **Auf der Suche nach der verlorenen Zeit**

Normalerweise werde ich nach meinem Lieblingssong der *Rolling Stones* gefragt, der Band meines Ex-Mannes. Aber ich liebe Bücher eigentlich viel mehr. Nicht dass ich in einem literarischen Haus aufgewachsen wäre. Mein Vater war Truck-Driver in Texas, er hatte wenig Interesse an Poesie, lieber liess er mit seinem Ledergürtel seinen Ärger an uns aus. Also flüchtete ich in die vermeintlich leise Welt der Bücher, entdeckte früh Edgar Allan Poe, Emily Dickinson und Edna St. Vincent Millay – das waren die Helden meiner Jugend. Bis heute. Ich liebe Lyrik, ich liebe Philip Larkin. Einmal pro Woche treffe ich mich mit Freunden zu einem Gedichtabend. Wir rauchen und trinken, doch vor allem lesen wir und schreiben, was uns gerade einfällt. Während meiner Modelkarriere konnte ich meiner Liebe zu Büchern nicht nachgehen. Ich hatte wenig Zeit, ausserdem mochten meine Männer nie, wenn ich zu viel las. Wovor hatten sie nur Angst? Mein Lieblingsautor ist Proust. *Auf der Suche nach der verlorenen Zeit* habe ich schon zweimal gelesen. Es gibt nichts Schöneres, als mit Proust am Strand zu liegen und sich in seinen endlosen Sätzen zu verlieren.

Müsste ich mich entscheiden, was ich auf eine einsame Insel mitnähme, würde ich auf Prousts Werk nicht verzichten. Nebst einer Gesichtscreme von LA MER natürlich, einem Conditioner, den es nur in Texas gibt und MICHAEL MOTORCYCLE heisst – und einem Kaftan, dem angenehmsten aller Kleidungsstücke. Ach ja, eine *Stones*-Platte würde ich auch einpacken. Übrigens: *Wild Horses* ist mein Lieblingslied. Mick hat es nicht für mich geschrieben. Sondern für Bianca.

Schriftstellerin
Melinda Nadj Abonji

Monica Cantieni: **Grünschnabel**

Es gibt Bücher, die habe ich gelesen und will sie sofort wieder lesen, warum? Um den Figuren, der Sprache meine erhöhte Aufmerksamkeit zu schenken; ich möchte Cantienis Roman in einem tiefen Sinn verstehen, und dazu gehört der Wunsch, den Figuren wieder zu begegnen. Der Grünschnabel, ein Mädchen, das «keine Ahnung von Sprache hat», deswegen Wörter sammelt, nimmt mich auf seine Suche mit, und das klingt harmlos, ist aber alles andere: Weil der Grünschnabel nichts weiss, sprengt sie die Sprache aus ihrem Rahmen. Überfremdung ist kein abstrakter Begriff mehr, sondern sitzt konkret im Schrank und hat einen Namen. Die Überfremdung heisst Mili, und ihr Vater arbeitet in der Schweiz der Siebzigerjahre und hat keine Papiere für seine Tochter. Sie wissen nicht wohin damit, antwortet der Grünschnabel, nachdem Mili gefragt hat, was Überfremdung sei.

Die scheinbar naive Perspektive des Grünschnabels zertrümmert die Sätze und Worte nicht, sondern ermöglicht die Erkenntnis, dass Sprache nicht ist, sondern etwas tut – zugreifen, ausgrenzen, hinter der Maske der Nüchternheit. Und immer ist da noch etwas anderes, nämlich eine begnadet humorvolle Kunstsprache, die erzählt vom Grünschnabel-Mädchen, das adoptiert werden soll, von einem wunderbaren Grossvater, der im Sterben liegt, und spätestens, wenn der Maurer Eli auf die Frage des Grünschnabels, ob «la vida» dasselbe sei wie «das Leben», zur Antwort gibt, in keinem Mund ist es dasselbe, dann weiss ich, dass dieses Buch präzis und mit einem warmen Herz geschliffen worden ist.

Drehbuchautor und Regisseur

Asghar Farhadi

Sadeq Chubak: **Sang-e Sabour**

In meiner Jugend las ich den Roman *Sang-e Sabour* von Sadeq Chubak, einem für die iranische Literatur bedeutenden Schriftsteller. Auch wenn es nicht der wichtigste Roman ist, den ich bisher gelesen habe, erinnere ich mich doch sehr gut an den Lesegenuss. *Sang-e Sabour* ist ein umfangreicher Roman. Ich habe ihn trotzdem in knapp einer Woche gelesen. Seine Charaktere und Atmosphäre begleiteten mich sehr lange. Für mich war das Lesen einer solch vielschichtigen Geschichte mit so vielen Charakteren und komplizierten Verknüpfungen in dem Alter nicht leicht. Was mich aber anzog und meine eigene Arbeit später indirekt beeinflusste, war der teilnehmende Blick des Schriftstellers auf die Charaktere und ihre schwierigen Umstände. Auf Persönlichkeiten mit traurigen Schicksalen, die sie selbst am wenigsten verschuldet hatten. Manchmal denke ich, dass dieses Buch meiner Jugend ein Grund für die soziale Perspektive meiner Filme ist.

Mit diesem grossartigen Werk pflanzte Chubak zum ersten Mal den Wunsch in meinem Herzen, Geschichten zu erzählen. Woran ich mich nach so vielen Jahren erinnere, ist der Ton und die Art der Dialoge. Die Geschichte spielt in Schiraz. Die meisten Charaktere sind gesellschaftliche Randfiguren, auf die in der Realität niemand achtet. Durch diesen Roman aber finden wir Zugang zu den Tiefen ihres Inneren. Der Beweis für den Einfluss dieser Geschichte auf mich ist, dass ich mich nach mehr als 25 Jahren noch an das Gefühl, das ich damals beim Lesen empfand, erinnere – ich trage es noch immer in mir.

Künstler

Franz Gertsch

Leonardo da Vinci – eine Biographie

Mit dreizehn oder vierzehn hat mich eine Biographie von Leonardo da Vinci sehr beeindruckt, die ich in der Bibliothek meines Vaters fand, neben einer über Dürer. Ich hatte damals schon ein unbewusstes Wissen darum, dass ich selbst Künstler werden würde, und da Vincis Aussagen zur Malerei wurden sehr wichtig für mein Schaffen. Er sagt dort vieles, was ich später als Künstler realisiert habe. Mit siebzehn fuhr ich nach Paris, da sah ich seine Werke im Louvre, darunter «Das Abendmahl». Gerade gestern erst habe ich die Biographie wieder in die Hand genommen und darin gelesen. Trotzdem ist es nicht so, dass ich ihn heute für den Grössten halten würde – als Jungen aber hat er mich sehr fasziniert.

Und mein Roman fürs Leben? Auf jeden Fall einer von Dostojewski – mein liebster: *Der Idiot*.

Literaturwissenschafter und Publizist

Peter von Matt

Gustave Flaubert: **Drei Geschichten**

Es gibt kleine, zunächst wenig beachtete Texte, nach denen man ein Jahrhundert später die Landschaft der Literatur vermisst. Der erste Teil von Dostojewskis *Aufzeichnungen aus dem Kellerloch* unterspülte die Anthropologie der Aufklärung; Melvilles *Bartleby* entzauberte die Tugend der Pflichterfüllung; Flauberts *Trois Contes* haben in drei parallelen Experimenten der modernen Prosa den Weg gewiesen. Ich vergesse nie mehr, wie mir *Herodias*, die dritte der *Drei Erzählungen*, den Atem verschlug. Bilder, die es nur in vergifteten Träumen gibt, glitten an mir vorbei, ein Brand fremder Farben, Figuren im Wüstenlicht, Szenen, wie Fellini oder Kurosawa sie hundert Jahre später ihrer Gegenwart vorrückten. Dabei war die Erzählsprache von einer letzten Einfachheit. Jedes Wort eindeutig wie ein Stein, und jedes veränderte das Ganze.

Ich habe allerdings gehört, dass viele mit den drei Texten wenig anfangen können. Die Schüler in den Gymnasien sollen sie oft langweilig finden. Auch die deutschen Übersetzungen wirken mehrheitlich lustlos und sprachlich stumpf. Dennoch bin ich überzeugt, dass kein moderner Autor etwas taugt, der diese Prosa nie bis in die Knochen erfahren hat. Sie ist besessen vom Willen zur Vollkommenheit jedes einzelnen Satzes. In der «Julian»-Legende entfesselt sich eine barbarische Fantastik; in der Geschichte von der Magd Félicité wird ein ausgestopfter Papagei zum lieben Gott. Literatur als Erziehung liegt fernab.

Kunst ist ein Unterfangen auf Tod und Leben, der Autor Brandschatzer seiner selbst.

Modemacher

Dries van Noten

Philippe Garner und David Alan Mellor: **Cecil Beaton.**
Photographien 1920–1970

Mein Buch fürs Leben? Ganz klar: Cecil Beatons *Photographien 1920–1970*. Weshalb ich es so liebe? Ganz einfach: Für seinen Stil, seinen Glamour und seine ewige Frische.

Musiker und Schauspieler

Justin Timberlake

Malcolm Gladwell: **Überflieger**

Wahrscheinlich bin ich zu sehr Hippie, um an die eine Philosophie oder den einen Lebensentwurf zu glauben. Es gibt aber zwei Bücher, die mich beeindruckt haben. Das erste ist *Charlie und die Schokoladenfabrik* von Roald Dahl. Ich kann mich noch genau erinnern, wie toll ich als Kind die Geschichte um die Schokoladenfabrik von Willy Wonka fand.

Das zweite Buch heisst *Outliers: The Story of Success* von Malcolm Gladwell. Darin geht es um die Frage, wieso manche Menschen erfolgreich sind und andere nicht. Gladwell untersucht an den Beispielen der Beatles und von Bill Gates, welche Faktoren ausschlaggebend für Erfolg sind. Dazu zählen der soziale Hintergrund, Familie, Freunde und das kulturelle Umfeld. Im Wesentlichen läuft es aber auf harte Arbeit hinaus. Gladwell schreibt, dass man, um erfolgreich zu sein, 10 000 Arbeitsstunden investieren muss. Die Beatles etwa standen zwischen 1960 und 1964 über 10 000 Stunden auf der Bühne. In den ersten zwei Jahren allein in Hamburg 270 Mal. Sieben Tage die Woche mindestens fünf Stunden pro Nacht.

Die «10 000-Stunden-Regel» könnte stimmen. Ich habe mal versucht, nachzurechnen, wann ich die 10 000 Stunden erreicht habe. Ich müsste 17 oder 18 Jahre alt gewesen sein. Damals war ich noch Mitglied der Boygroup NSYNC. Wir hatten die Band 1995 gegründet, 1997 wurde unser erstes Album in Deutschland, der Schweiz und in Österreich veröffentlicht, und 1998 haben wir auch zu Hause in den USA den Durchbruch geschafft. Da war ich 17. Heute bin ich 30.

Professor für Kinderheilkunde

Remo H. Largo

Gottfried Keller und andere: **Die schönsten Gedichte der Schweiz**

Augen, meine lieben Fensterlein
Gebt mir schon so lange holden Schein ...

Wer kennt sie nicht, die Anfangszeilen aus dem *Abendlied* von Gottfried Keller. Das Gedicht ist im Buch *Die schönsten Gedichte der Schweiz* aufgeführt, das seit einem Jahr auf meinem Nachttisch liegt und mich vor dem Einschlafen glücklich macht. Ich liebe es, darin zu lesen, weil es Gedichte ganz unterschiedlicher Art enthält. So gibt es neben romantischen Versen auch Soziologisches von Mani Matter:

Dene wos guet geit
Giengs besser
Giengs dene besser
Wos weniger guet geit

Oder Emanzipatorisches. In *Vatersprache* macht sich Eveline Hasler Gedanken über die ungleiche Rollenverteilung und Stellung der Geschlechter in unserer Gesellschaft:

Väter sassen auf den Lehrstühlen und auf den Sesseln
der Verwaltungen als ich neunzehn
war Vatersprache allüberall
ich sass unter dem letzten Baum
schärfte das Ohr für das
Mutterschweigen

Wir stellen fest: Im Bundesrat hat sich seither etwas getan, in der Wirtschaft und an den Universitäten weit weniger.

Und schliesslich, in der Kürze liegt die Würze, Walter Vogt mit einem philosophischen Fazit über das menschliche Werden und Vergehen. Drei Zeilen über *Die drei Lebensalter des Menschen*:

da da
bla bla
ga ga

Schauspielerin
Franka Potente

Max Urlacher: **Rückenwind**

Ein Buch, das ich sehr mag, ist Max Urlachers *Rückenwind*. Es ist die zarte, ungewöhnliche Geschichte der Freundschaft von Anton und Tobias, die sich vom Kindesalter bis zum Erwachsenwerden spannt. Die beiden sind die besten Freunde, sie teilen alles miteinander. Gemeinsam wachsen sie in die Welt hinein. Als kleine Jungen treffen sie sich unter einem Rhododendronbusch, von da an freuen sie sich zu zweit über NUTELLA-Brötchen, BURGER-KING-Besuche; sie werden pickelige Teenager, die um die Wette onanieren und ihre ersten Erfahrungen mit Mädchen machen. Als Erwachsene bekommt das Idyll Risse, die Unzertrennlichkeit weicht Unterschiedlichkeiten und offenen Fragen. Max Urlacher erzählt mit viel Liebe zum Detail von all jenen Dingen, die alles andere als einfach zu erzählen sind. Dabei kommt seine Liebeserklärung an die Freundschaft und das Leben aber immer leichtfüssig daher, Melancholie und Komik sind schön ausbalanciert. Man lacht, man weint mit den Helden, und nach der letzten Seite ist man beschwingt und sentimental zugleich.

Ich weiss, wie schwierig es ist, das so hinzukriegen – gerade erscheint *Zehn*, meine erste Sammlung von Kurzgeschichten, die alle in Japan spielen. Empfindungen nachempfindbar zu machen, den Leser zu berühren und zu rühren, ohne, wie in einem schlechten Film, bloss auf die Tränendrüse der Leser zu spekulieren – das ist nicht so einfach.

Schriftsteller

John Irving

Charles Dickens: **Grosse Erwartungen**

Grosse Erwartungen war der erste Roman, von dem ich wünschte, ich hätte ihn geschrieben. Dieser Roman ist schuld daran, dass ich Schriftsteller werden wollte oder vielmehr: dass ich Leser so bewegen wollte, wie dieses Buch mich bewegt hat. Von allen angelsächsischen Romanen ist, finde ich, *Grosse Erwartungen* das Buch mit dem besten und ausgefeiltesten Plot, der – und das vergass Dickens nie – den Leser ja auch zum Lachen und zum Weinen bringen soll. Doch gibt es allerlei Gründe, warum manche dieses Buch, und einen ganz besonderen Grund, warum manche Dickens an sich nicht mögen. Zuoberst auf ihrer Mängelliste steht, dass Dickens' Romane nicht an den Verstand, sondern an die Gefühle und über die Gefühle an das soziale Gewissen des Lesers appellieren. Dickens ist kein Analytiker, wohl aber ein Moralist. Sein Genie liegt in seiner Art der Beschreibung: Er beschreibt die Dinge so anschaulich und eindringlich, dass man sie nachher nie mehr anders sehen kann als mit seinen Augen. *Grosse Erwartungen* war auch das erste Buch, das ich gleich zweimal hintereinander las.

Model
Nadine Strittmatter

Fjodor M. Dostojewski: **Der Idiot**

Dieses Buch hat mir eine Freundin empfohlen, da war ich achtzehn. Damals habe ich alle Fashion-Shows gemacht, Paris, New York, Mailand, und das ist einerseits wahnsinnig stressig, andererseits ist man auch dauernd irgendwo backstage am Warten auf den Auftritt. Ein Buch ist perfekt. Den *Idioten* habe ich x-mal gelesen, mein Exemplar ist völlig zerfleddert, hat kein Cover mehr, und fast jede Seite ist mit Notizen zerkritzelt. Ich war keine grosse Leseratte als Kind, aber beim Modeln wurde das Lesen sehr wichtig für mich. Das Herumreisen, alle paar Tage eine neue fremde Stadt, jeden Abend neue Freunde, das war mir alles zu viel, Bücher wurden zu meinem Rückzugsort. Ich las bestimmt drei Romane pro Woche, mehrheitlich Klassiker.

Dostojewskis *Idiot*, mit den vielen megadramatischen Charakteren und dem jungen und naiven Fürsten Myschkin in der Mitte, kam mir immer vor wie ein Spiegelbild der verrückten Modewelt. Hier war ich, jung und naiv wie Myschkin, und um mich herum jeden Tag diese schrille Gesellschaft von Halbwahnsinnigen. Das Buch hat ja sehr viele seitenlange Dialoge, auch das erschien mir wie ein Echo auf das Dauergeschnatter um mich herum. Ich bewundere Myschkin. Seine Welt wird auseinandergerissen, er versucht zu bestehen. Er verliebt sich und verliert sich dabei völlig. Ich finde aber, er begreift nicht, dass er auf sich selber besser aufpassen muss. Diese pausenlose Intensität von Gefühlen, das hält ja keiner aus. Man braucht Stabilität im Leben, das habe ich gelernt – aufgrund meiner Erfahrungen und bei der Lektüre dieses Buchs.

Strafverteidiger und Schriftsteller

Ferdinand von Schirach

Erich Kästner: **Als ich ein kleiner Junge war**

Vielleicht geht es Ihnen auch so, und Sie lesen manche Bücher immer wieder. *Als ich ein kleiner Junge war* von Erich Kästner ist so eines, ein Lebensbuch. «Die Monate haben es eilig. Die Jahre haben es eiliger. Und die Jahrzehnte haben es am eiligsten. Nur die Erinnerungen haben Geduld mit uns. Besonders dann, wenn wir mit ihnen Geduld haben», schreibt er im Nachwort. Er hat recht. Das Buch ist warm, klug und voller Leben. Nehmen Sie es mit in die Ferien. Und wenn es Ihnen gefallen hat, können Sie danach *Fabian, die Geschichte eines Moralisten* von ihm lesen. Ebenfalls wunderbar.

Filmschauspieler

Joel Basman

Eugen Sorg: **Die Lust am Bösen**

Mit meiner Schwester, die Psychologin ist, war ich vor kurzem in einer Buchhandlung, und da hat mich *Die Lust am Bösen* irgendwie angestrahlt. Eugen Sorg schildert das Böse in extremer Form; den Krieg in Sarajevo, den Völkermord in Ruanda. Aber besonders eindrücklich finde ich die Geschichte eines Jungen in Esslingen, der zusammen mit seinem Freund die eigene Familie erschossen hat. Die bleibt hängen. Der Junge wurde streng christlich erzogen, es gab keinen MCDONALD's, kein Vergnügen, er suchte immer mehr diesen Kick. Es ist beängstigend,

wie schnell das gehen kann. Es begann mit dem Versprayen der Dorfkirche und endete in der Familientragödie. Vom ganzen Dorf wurde er gefürchtet, und er genoss diese Überlegenheit.

Ich drehe gerade einen Film, in dem ich einen Wehrmachtssoldaten im Zweiten Weltkrieg spiele. Er ist nicht bei der Totenkopf-SS, aber halt ein Mitläufer und einfach der Überzeugung, sein Land verteidigen und sein eigenes Wohl bewahren zu müssen. Durch Sorgs Buch beginne ich einen Sinn hinter meiner Rolle zu suchen. Was bewegt Menschen dazu, in den Krieg zu ziehen? Wieso hat man dieses starke Gefühl, ein Land erobern zu müssen? Irgendwie habe ich eine etwas theoretischere Sicht darauf entwickelt.

Zum Teil ist das Buch aber sehr anspruchsvoll, ich musste einiges im Fremdwörterbuch nachschlagen. Das Böse fasziniert mich, weil es in gewisser Weise in jedem Menschen drin ist. Welche Gemeinheiten man sich manchmal in der Schule angetan hat, selbst wenn man sich gern hatte. Das sind kleine Sachen, die sich aber multiplizieren können.

Alt-Bundesrätin

Elisabeth Kopp

Kathrine Kressmann Taylor: **Adressat unbekannt**

Unschlüssig stehe ich in der Bibliothek vor dem Gestell mit unseren hundert Lieblingsbüchern. Die Buchauswahl hat sich im Lauf der Zeit verändert. Kam ein neues Werk hinzu, musste ein altes weichen. Ich ziehe ein Buch heraus, denke, das könnte es sein, dann fällt mein Blick auf ein anderes. Und fast hätte ich es übersehen, das kleine, unscheinbare Buch, das in weniger als einer Stunde gelesen ist.

Kein Buch über den Nationalsozialismus ist mir derart unter die Haut gefahren wie diese bewegende Erzählung von Kathrine Kressmann Taylor. *Adressat unbekannt* hat seine Bedeutung seit seinem Erscheinen im Jahr 1938 nie verloren. Sondern es hat zusätzlich an Bedeutung gewonnen, vor allem in der heutigen Zeit, in der rassistische und ethnische Strömungen, unheilig vermischt mit nationalistischer Intoleranz, wieder auftauchen. Im Mittelpunkt steht der fiktive Briefwechsel zwischen zwei Freunden und Geschäftspartnern. Der eine ist Jude, der andere nicht. Ihre Freundschaft zerbricht durch das Gift des Nationalismus, dem der eine immer mehr verfällt. Das Drama wird mit einer berührenden Schlichtheit erzählt. Schuldzuweisungen fehlen. Selbst dann, als es zum Eklat kommt und die jüdische Schwester des einen im Haus des andern Zuflucht sucht und abgewiesen wird. Sie entkommt den nationalsozialistischen Häschern nicht und wird anderntags tot aufgefunden.

Adressat unbekannt ruft ein Stück Zeitgeschichte in Erinnerung und ist eine meisterhaft geschriebene Erzählung, packend von der ersten Zeile bis zum offenen Ende. Man ist nach der Lektüre nicht mehr derselbe Mensch.

Schauspielerin und Bühnenautorin

Laura de Weck

Friedrich Schiller: **Kabale und Liebe**

Als ich fünfzehn Jahre alt war, lasen wir in der Schule Friedrich Schillers Stück *Kabale und Liebe*. Mich beeindruckte die Tragödie des Präsidentensohns Ferdinand und der bürgerlichen Musikertochter Luise, die gegen den Standesunterschied und für ihre Liebe ankämpfen. Ein bisschen hatte ich mich auch in Ferdinand verliebt, aber was mich an diesem Stück wirklich faszinierte, war der Klang der Sprache, ihr Rhythmus, ihre Musik. Besonders den Satz des Hofmarschalls von Kalb, als er von der desolaten Lage des Hofs erfährt: «Mein Verstand steht still.» Wochenlang hatte ich diesen Satz im Kopf. Er verfolgte mich wie ein Ohrwurm einer guten Melodie. Und ich suchte nach einer passenden Gelegenheit, ihn selbst zu sagen. Nach einigen Jahren wurde ich mit Alkohol am Steuer erwischt. Der Polizist fragte, wie es dazu gekommen sei? Ich schwieg und sagte endlich: «Mein Verstand stand still.» Das akzeptierte er. Die Kraft der Worte. Der Schluss dieser Geschichte ist leider erfunden. Bis heute warte ich auf den richtigen Augenblick für diesen Satz, aber an die Kraft der Wörter glaube ich trotzdem.

Regisseur, Schauspieler und Musiker

Tim Robbins

John Irving: Garp und wie er die Welt sah

Ich war knapp zwanzig Jahre alt, als ich das College für ein Jahr unterbrach. Da ich in Kalifornien weiterstudieren wollte, musste ich dort eine Weile arbeiten, bevor ich mich an der Uni einschreiben konnte. Ich fand einen Job in einer Fabrik. Den ganzen Tag hievte ich schwere Packen mit Zeitschriften auf ein Förderband. Eine stumpfsinnige Arbeit, die keinerlei Verstand erforderte. Sie laugte mich aus und lähmte mein Gehirn. Genau an dem Punkt, an dem mein Verstand vollends zu erstarren drohte, fiel mir ein Buch in die Hände: *Garp und wie er die Welt sah* von John Irving. Ein Glücksgriff. Das Buch hat mich aus meinem Arbeiterklassenalltag herausgerissen und mich richtig beflügelt. Es inspirierte mich dazu, meine Vision zu verwirklichen und etwas zu erschaffen. Es ist einfach wundervoll geschrieben, so reich, so dicht. Mit viel Humor und Feinsinn – ohne sich davor zu scheuen, auch die dunklen Seiten des menschlichen Wesens zu beleuchten. Irgendetwas in diesem Buch, irgendwas an Irvings Schilderung des täglichen Wahnsinns, hat mir die Augen geöffnet. Eigentlich sollte ich es mal wieder zur Hand nehmen. Mein Leben ist sehr ausgefüllt. Jetzt fahre ich mit der Band im Tourbus durch Europa, nach den Auftritten sitzen wir immer beisammen und reden. Wir lachen viel. Natürlich könnte ich mich auch hinten in die Koje legen, den Vorhang ziehen, ein Buch lesen. Aber diese Momente mit den Musikern sind neu und wichtig für mich. Sie geben mir Kraft.

Hoteldirektor Ritz, Madrid

Anton Küng

Irving Stone: **Michelangelo**

Es war Sommer, ich war 12 und fuhr mit meinen Eltern im Zug nach Taormina auf Sizilien. Wir hatten eine Dachwohnung gemietet, und von der Terrasse aus sah ich die Lava aus dem Ätna fliessen. In diesen zwei Wochen las ich Irving Stones biografischen Roman *Michelangelo*, 700 Seiten über das Leben und Schaffen des italienischen Meisters. Ich war fasziniert vom Werdegang dieses jungen Mannes, seiner Arbeit am Hof der Medici, den Auseinandersetzungen mit dem Papst, wie er anhand von Zeichnungen den menschlichen Körper studierte, da das Sezieren verboten war. Wie er seine Neigung zu Männern entdeckte und seinen Lohn den Eltern schickte, weil er von der Kunst wie von Luft zu leben schien.

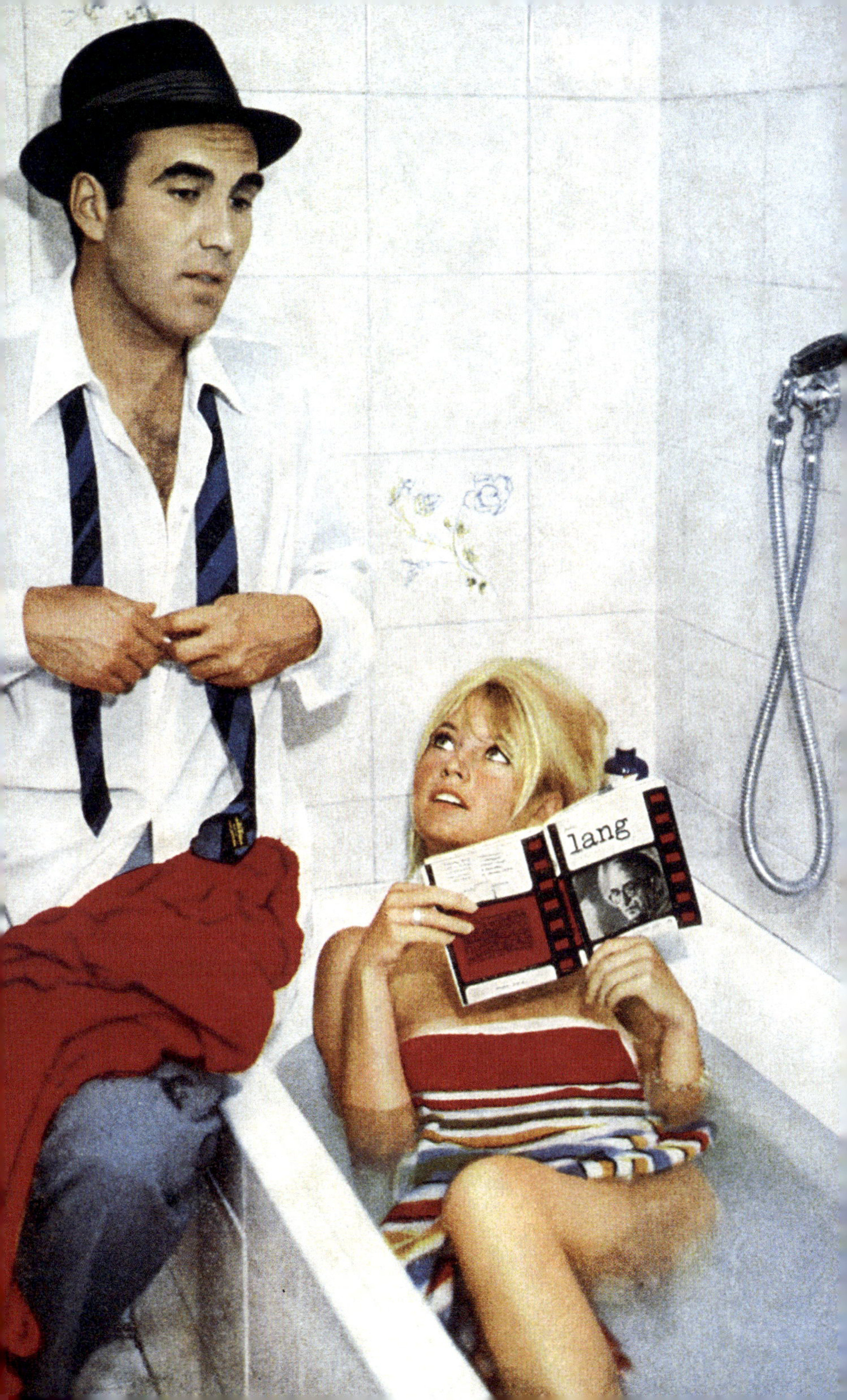
lang

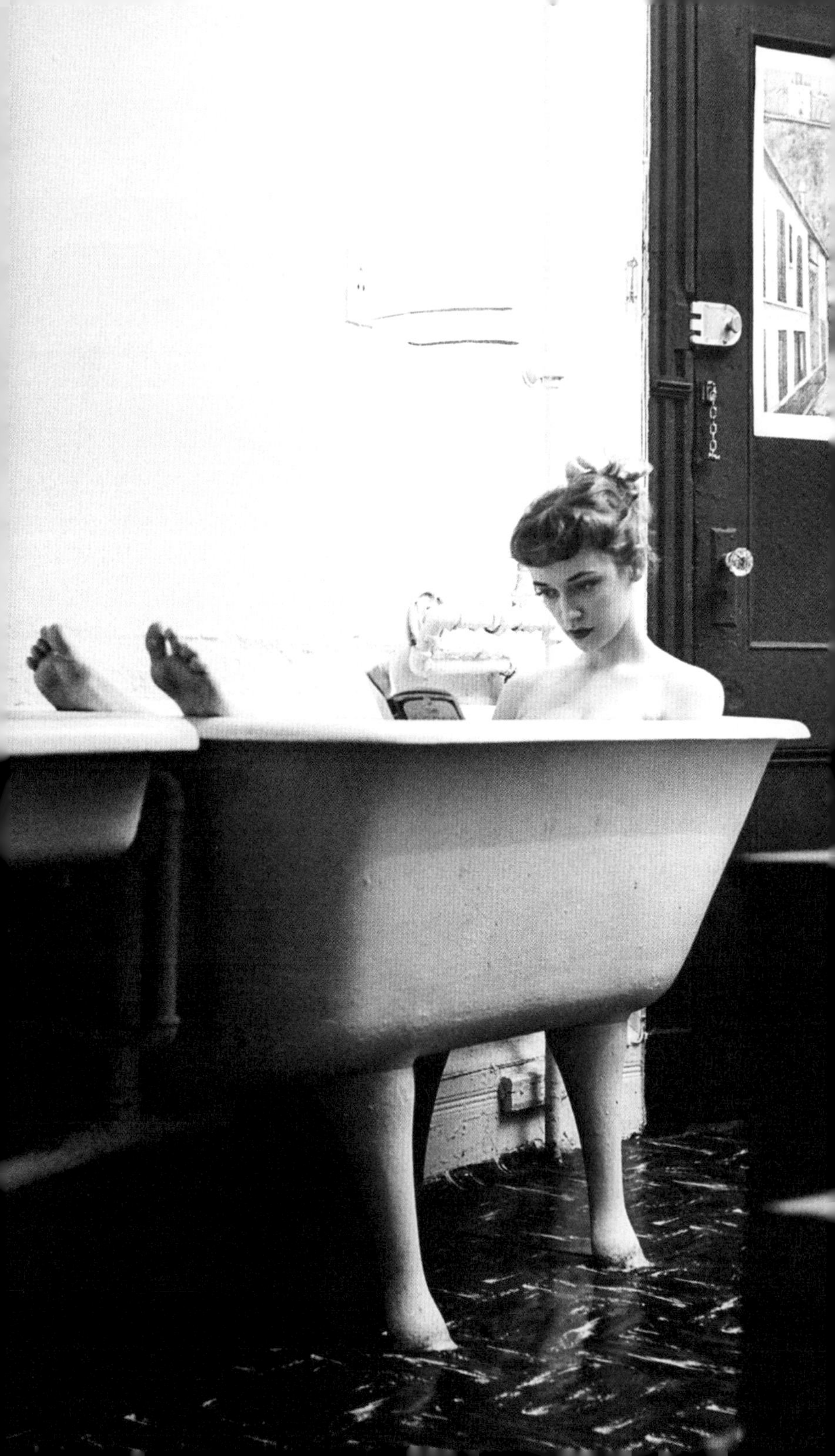

Am meisten faszinierte mich, wie Michelangelo ein Gespür dafür entwickelte, was aus Stein entstehen kann. Er berührte den unbearbeiteten Stein und wusste, wie die Venen verlaufen. In Michelangelos Worten: «Es kann der grösste Künstler nichts ersinnen, was unter der Fläche nicht der Marmor in sich enthielt, und nur die Hand, die ganz dem Geist gehorcht, erreicht das Bild im Steine.»

Mit bald 57 Jahren blicke ich auf mein Leben und glaube, dass ich genau das auch immer versucht habe: eine Situation anzunehmen und etwas daraus zu machen. Drei Jahre nach den Ferien mit dem Wälzer von Irving Stone begann ich meine Kochlehre, 15 war ich damals, es folgte die Hotelfachschule. Bis heute weiss ich: Es braucht ein Gespür für die richtigen Entscheide, man muss die Richtung intuitiv und nicht mit dem Kopf wählen. Erst das führt zu Glück und Erfolg.

Werber

Markus Ruf

Graham Greene: **Der stille Amerikaner**

1999 reiste ich für einige Monate nach Vietnam. Werbekampagnen aushecken, das konnte ich – damals noch freischaffend – auch von Saigon, Hoi An oder Hanoi aus. In Zürich füllte ich einen Koffer mit Kleidern und einen mit Büchern. Besonders freute ich mich auf *Der stille Amerikaner* von Graham Greene, das ich an den Original-Schauplätzen lesen wollte.

Der Koffer mit den Kleidern kam pünktlich in Saigon an, derjenige mit den Büchern blieb unauffindbar. Vielleicht haben gewisse Buchtitel den Argwohn der zensurfreudigen vietnamesischen Zollbeamten geweckt.

In diesem Fall hätten die strammen Kommunisten die Rechnung ohne das Improvisationstalent ihrer Bevölkerung gemacht. Am zweiten Abend sprach mich in Saigon ein kleines Mädchen an, ob ich westliche Zeitschriften, Bücher, Musik oder Filme kaufen wolle. Ich fragte, ob sie *The Quiet American* von Graham Greene habe. Sie lächelte nur: «Tomorrow I have – you here same time». Dann tauchte sie im Gewusel unter.

Am nächsten Tag überreichte mir das Mädchen sichtlich stolz das Buch. Es war ein Unikat, zusammengeleimt aus Fotokopien – als Vorlage diente die 1995er Ausgabe des deutschen Taschenbuch-Verlags. Dort, wo die Druckertinte die Buchstaben nicht mehr ganz einschwärzte (es wurde offensichtlich ziemlich viel kopiert in Saigon), hatten flinke Hände sie mit einem Filzstift nachgezeichnet. Der Umschlag bestand aus zwei Kartons, als Cover war eine gelbstichige Farbkopie darauf geklebt. Das Ganze war wie ein Schulbuch in eine transparente Schutzhülle geschlungen.

Ich war gerührt, gab ihr einen Betrag, für den ich in der Schweiz wohl eine Ausgabe aus handgeschöpftem Büttenpapier bekommen hätte, und verzog mich in die Lobby des legendären HOTEL CONTINENTAL, in dem ein grosser Teil der Handlung spielt. Hier las ich den Roman, der mitten in den geographischen und politischen Dschungel Indochinas hineinführt. Im Zentrum steht der britische Journalist Thomas Fowler, ein Idealist, der den Kolonialkrieg mit kühler Distanz betrachtet. Er interessiert sich mehr für die asiatische Lebensart als für Politik, und seine vietnamesische Geliebte Phuong ist ihm wichtiger als alles andere. Doch er bekommt es mit einem hartnäckigen Nebenbuhler zu tun, dem jungen Amerikaner Alden Pyle.

Die schlauen Damen und Herren von der Literaturkritik haben das Buch so interpretiert: Fowler steht für die alten, kraftlosen europäischen Kolonialmächte, deren Zeit in Asien abgelaufen ist, die dies aber nicht wahrhaben wollen. Pyle steht für das beginnende Engagement der USA, welche die Situation komplett verkennen und naiv eine fatale Entwicklung in Gang bringen. Die junge Vietnamesin Phuong repräsentiert das vietnamesische Volk, um das die beiden ausländischen Akteure heftig buhlen.

Für mich ist das Buch eine berührende Liebesgeschichte, ein packender Krimi und eine geradezu visionäre politische Analyse, denn Graham Greene schrieb es bereits 1955. Das Einzige, was meine Lesefreude im CONTINENTAL etwas trübte, waren die vier Seiten, die beim Kopieren vergessen worden sind.

Das Exemplar aus der EDITION SAIGON ist natürlich trotzdem unverkäuflich. Ich kann Ihnen deshalb nur das Original empfehlen: *Der stille Amerikaner* von Graham Greene, in der Taschenbuchausgabe des DTV.

Regisseur

Tom Tykwer

David Mitchell: **Der Wolkenatlas**

Von den vielen für mich wichtigen Büchern ist *Der Wolkenatlas* das Buch, über das ich in den letzten Jahren am meisten geredet habe, das mich am meisten gefesselt hat, das mich auch in meinem Erwachsenenleben wohl am stärksten prägte. Ich habe es so ziemlich jedem Menschen, der mir etwas bedeutet, in die Hand gedrückt, wie man das so macht, wenn ein Buch die Perspektive auf die Welt auf beglückende, verwirrende Weise neu sortiert. David Mitchell ist einige Jahre jünger als ich, was ein wenig verstörend ist, denn das Buch ist von einer Dichte und Reife, dass man denken könnte, der Mann müsste eigentlich 180 Jahre alt sein. *Der Wolkenatlas* ist angelegt über sechs verschiedene Zeitalter, vom 19. bis ins 25. Jahrhundert, und erzählt sechs völlig verschiedene Geschichten in sechs verschiedenen Genres und literarischen Sprachen, übereinander angelegt in einer pyramidischen Struktur. Erst mit der Zeit fällt auf, dass eine innere Struktur die Figuren der Geschichten verknüpft, und so entsteht ein Geflecht, das sowohl eine Evolution der Moral darstellt als auch den Fortschrittsglauben der Menschheit verhandelt. Es ist, wenn man so will, eine universale Ethik-Studie, übersät mit psychologischen und soziologischen Teiluntersuchungen. Narrativ brillant und emotional eingängig: Ich habe mehrmals das Buch gegen die Wand gefeuert vor Wut darüber, was Mitchell mir, beziehungsweise seinen Figuren, zumutet. Das Buch landet wie ein gewaltiger Meteorit auf einer Gegenwart, in der wir eine Renaissance von Fin-de-Siècle-Gefühlen erleben: Denn die Welt, wie wir sie kennen, neigt sich einem gewissen Ende zu; wir merken, es muss neue Ideen geben, politisch, sozial, ökologisch.

Schriftstellerin
Dorothee Elmiger

Winfried G. Sebald: **Die Ausgewanderten**

Da sind die Bücher, über die man im Nachhinein sprechen möchte, von denen man erzählen will, laut rufen, die man selbst in Worte fassen will. Und da sind jene anderen Bücher, über die man dann lieber schweigen möchte: Nicht weil die Worte fehlten, sondern weil jedes Sprechen ein Stück des Geheimnisses verschwinden liesse, das ich als Leserin in diesem Moment mit ihnen teile.

W. G. Sebalds Erzählungen zogen mich in einen solchen Bann, als still beteiligte Leserin las ich alle Zeilen, fremd aber doch verwandt, und folgte den Lebensläufen von vier jüdischen Männern über die Kontinente, die Jahre, die Abgründe hinweg, folgte ihren unfreiwilligen und ihren freiwilligen Reisen, erstaunt und traurig über die einsamen Wege und ihre Kreuzungen. Das Schweigen, das sich nach der letzten Zeile ausbreitete, war ein verwundertes, ein erschüttertes, aber kein sprachloses Schweigen. Ich reichte das Buch weiter an Freunde und dachte dem Text nach, dem Schmetterlingsfänger, der immer wieder in der Landschaft des Textes aufgetaucht war.

Direktor Fotostiftung Schweiz

Peter Pfrunder

Clifford Geertz: **Dichte Beschreibung**

Wie kommt man von der Beobachtung eines balinesischen Hahnenkampfs zur Entwicklung einer umfassenden Kulturtheorie? Jedes Mal, wenn ich das Buch *Dichte Beschreibung* des amerikanischen Anthropologen zur Hand nehme, staune ich über die Virtuosität, mit der er von der Mikroanalyse eines exotischen Rituals zu einem tieferen Verständnis unserer Zivilisation gelangt. Das Buch war mir schon während der Studienzeit in den Achtzigerjahren ein Augenöffner.

Clifford Geertz schlägt vor, gesellschaftliche und kulturelle Erscheinungen aller Art als Texte zu lesen. Statt «objektive Daten» zu sammeln oder die Funktion einer Handlung zu erklären, plädiert er für die Methode der «Dichten Beschreibung». So behandelt er auch den balinesischen Hahnenkampf nicht einfach als «Spiegel» der balinesischen Kultur, sondern als «eine Geschichte, die man einander über sich selbst erzählt». In solchen Geschichten definiert eine Gesellschaft ihre eigene Wirklichkeit. Mit der Methode der «Dichten Beschreibung» kann man eine Stadt, eine Vernissage oder ein Fussballspiel ebenso «lesen» wie ein Shakespeare-Drama. Wer zum Beispiel die kulturelle Bedeutung eines Fussballspiels verstehen will, sollte sich nicht auf die Spielregeln fixieren, sondern die unterschwelligen symbolischen Geschichten deuten, die wir uns damit erzählen: Geschichten um Freundschaften und Feindschaften, List und Macht, Aufstieg und Fall.

Geertz' Sichtweise wurde für meine Beschäftigung mit Fotografie wegweisend. Auch Fotos lassen sich als Texte lesen. Der Weg vom balinesischen Hahnenkampf zu Literatur und Bild ist gar nicht so weit.

Autor

Tim Krohn

Isabelle Krieg: **Die Welt entdecken**

Wenn Isabelle Krieg sich an die Kunst macht, steht am Anfang nur ein kleiner, hübscher Gedanke. Fast wie im Paradies, dachte sie, als sie ein altes, krummes Gärtchen sah, das sie mit Kunst bestücken sollte. Allerdings, das Paradies liegt über den Wolken, die müssen also noch her. Au ja, das Publikum soll zwischen Wolken spazieren können und sich dem Himmel nahe fühlen. Da Isabelle Krieg Wortspiele mag, lagen Wolkenbänke nahe und wurden auch ausprobiert, doch so richtig paradiesisch war das nicht – im Garten Eden sassen sie in den entscheidenden Momenten auch nicht, sondern lagen. Wolkenbetten sind daher das Richtige, auf ihnen soll das Publikum sich fläzen und sich lieben ... Auf Schaumstoffbrüsten lagen wir schliesslich, «Milchstrasse» hiess die Arbeit, der Garten war auf verrückte Weise zauberhaft geworden. Wolken liess sie auch über Roms Himmel ziehen, der Turm des Schweizer Instituts ist Roms höchster Punkt, sie liess aus allen Fenstern Badeschaum quellen, den die Meereswinde ergriffen und westwärts trieben. Ein andermal liess sie schwebende Brote erglühen, die Abendwolken, Isabelle Krieg ist in den Himmel verliebt. Wie mag das zu und her gehen, wenn sie ein Buch veröffentlich, das heisst *Die Welt entdecken*? Es ist ein Buch ganz ohne Worte, das kann ich verraten, eine weitere bezaubernde Arbeit, ein Bildband, der viel mehr ist als ein blosses Suchspiel. Eine verspielte Abhandlung über den buddhistischen Gedanken, dass alles in allem enthalten ist. Grosse Kunst, gleichzeitig etwas vom Charmantesten, Beiläufigsten, das ich kenne. Ich habe immer einen kleinen Stapel zuhause. Nichts verschenke ich so gern wie dieses Buch.

Journalist und Schriftsteller

Christian Kracht

Rafael Horzon: **Das weisse Buch**

Dieses Buch ist komisch und tieftraurig zugleich. Es folgt der Anweisung von Aristoteles, die Erregung von «Jammern und Schaudern» *(eleos und phobos)* solle mittels des Handlungsaufbaus erfolgen und so durch die Mimesis beim Leser die Katharsis auslösen. Und es ist natürlich das Buch über Berlin, das ich selber gerne geschrieben hätte – nur leider bin ich nicht halb so talentiert wie Rafael Horzon.

Dichter, Performer und Rap-Poet

Jürg Halter aka Kutti MC

Daniil Charms: Fälle. Prosa – Szenen – Dialoge

Weit hinten in einem unbestimmten Walliser Tal, in einem kleinen Holzhaus, hinter verschlossenen Fellläden, unter der Decke in einem kargen Raum begann meine Beziehung zu Daniil Charms, zum Buch *Fälle*, eine Sammlung seiner Prosa, Szenen und Dialoge. Die Welt war mir in diesen Tagen ein Unort. Ich zog mich zurück. Ein gebrochenes Herz, ertrug keine Musik, keine schöne Poesie, keine Jahrhundertromane, keine bedeutendsten Gegenwartsautoren. Alles lächerlich. Das mir einzig Erträgliche: Die *Fälle* vom russischen Meister des Grotesken, Daniil Charms, der über sich selbst schrieb: «Ich bin einer wie alle, nur besser.» Ich liebe seine brutalen, absurden, doch auch zärtlichen Texte. Mit all diesen überraschenden, höchst amüsanten oder bestürzenden Wendungen. Ja, das Leben ist mehr als ungerecht, und der Tod kann plötzlich, umso lakonischer eintreten: «Er ertrinkt, sagte Kuzma. – Klar ertrinkt er, bestätigte ein Mann mit einer Schirmmütze. Und tatsächlich, der Regimentskommandant ertrank.» Das Leben wird durch dieses Buch relativiert; das Leben ist doch bloss ein Witz, ein guter, ein schlechter, wie auch immer. Die Vergänglichkeit muss nicht immer eine schwere, melancholische, übergrosse Macht sein, sondern kann auch mal einfach in der Leichtigkeit des Unsinns zum Ausdruck gebracht werden. Daniil Charms ist wohl trotz oder gerade wegen seiner durch und durch subjektiven Auslegung der Wirklichkeit einer der grossen Realisten seiner Zeit, der während der Sowjetisierung des Alltags immer mehr zum krassen Aussenseiter wurde und 1942 in Leningrad im Gefängnis starb.

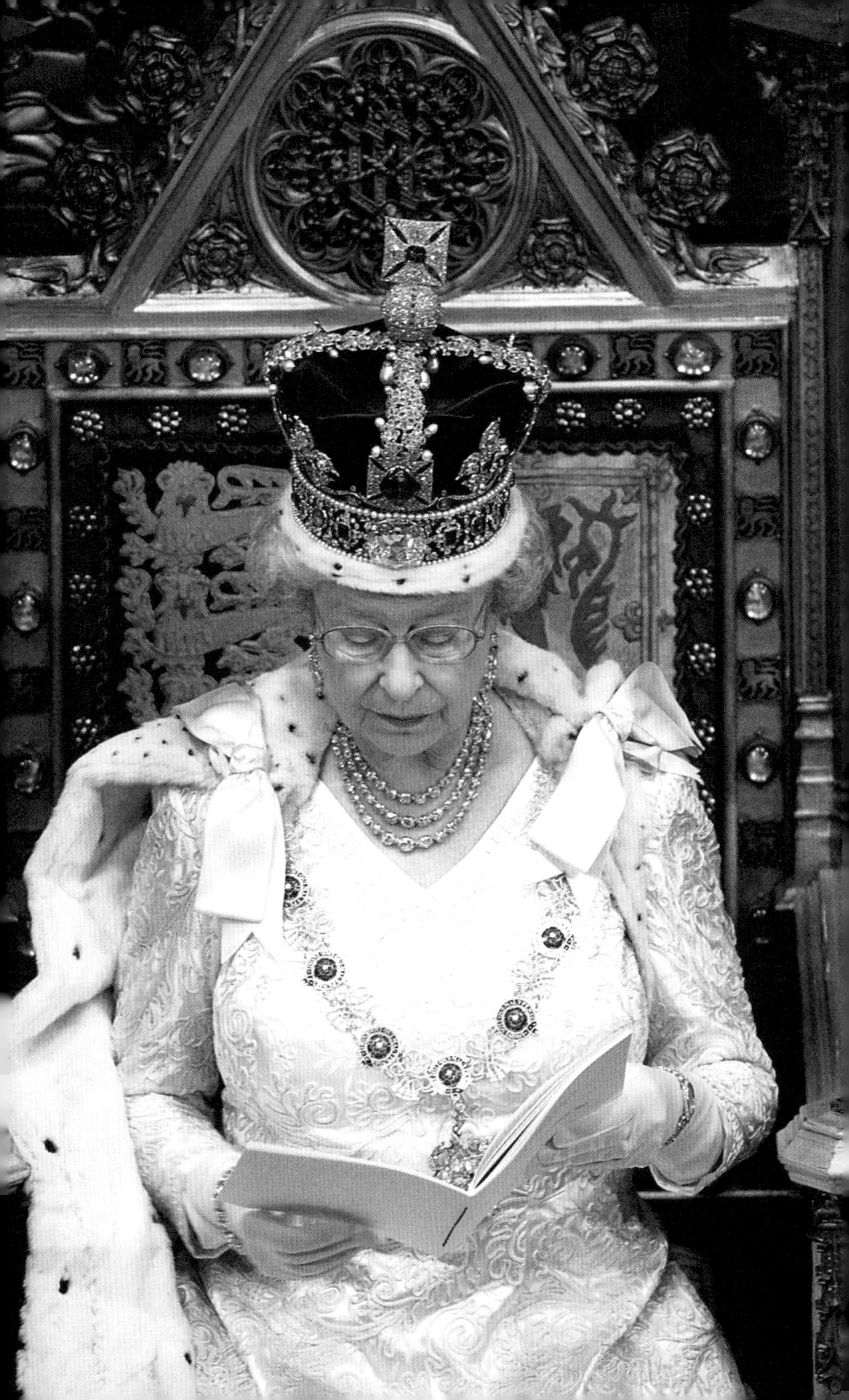

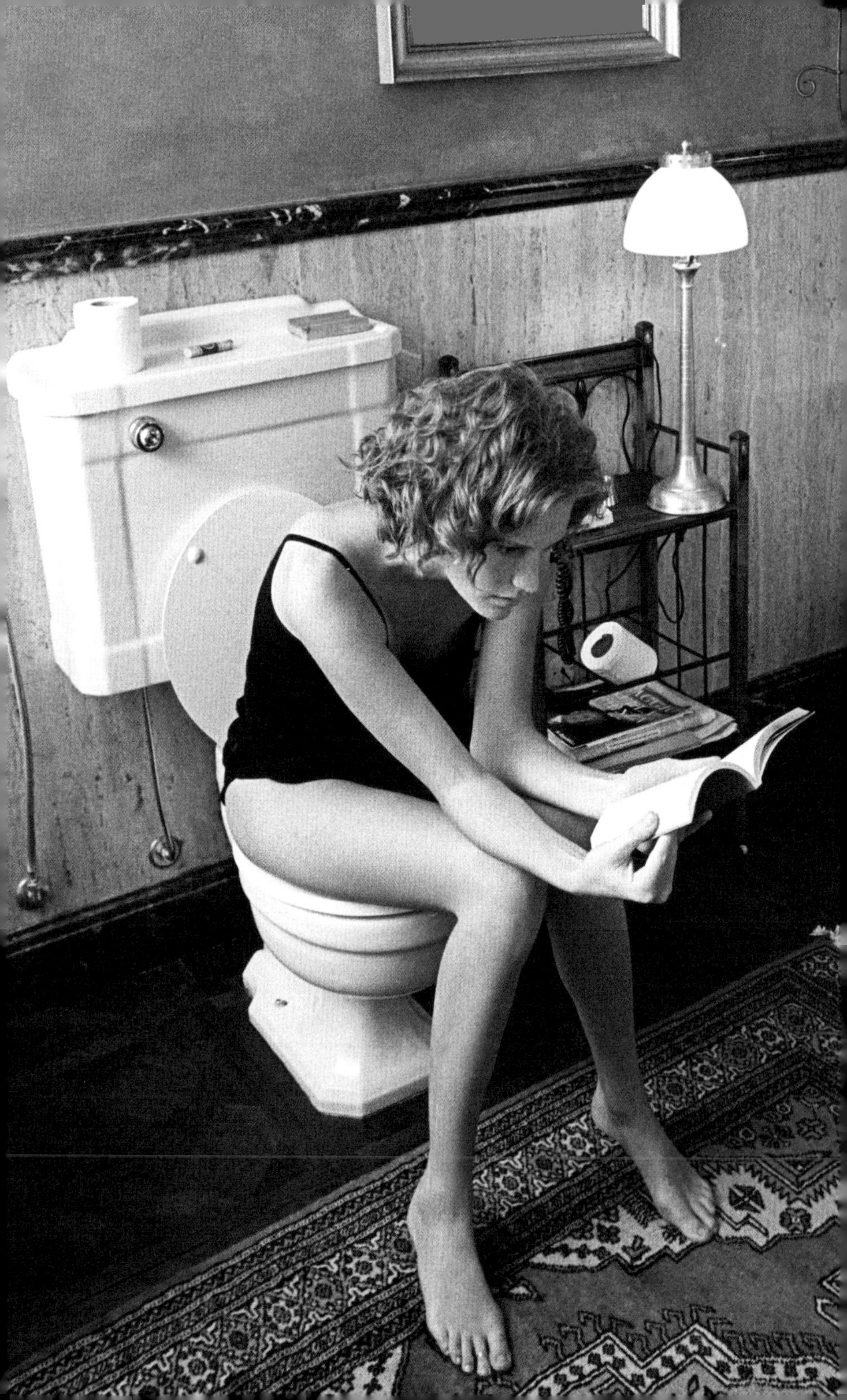

Reporter und Autor

Georg Brunold

Gustave Flaubert: **Bouvard et Pécuchet**

In der Hauszeitung der NZZ gab es (und gibt es vielleicht immer noch) einen Fragebogen, dazu gedacht, in jeder Nummer der Belegschaft einen ihr Angehörenden vorzustellen. «Was ist Ihr Lieblingsbuch?», hiess es da zum Beispiel. *Bouvard et Pécuchet* von Gustave Flaubert, schrieb ich, ohne lang zu zögern. Zwei arbeitsverdrossene Verwaltungsbeamte, der eine von der Bastille, der andere aus dem Jardin des Plantes kommend, setzen sich in der Mitte des Boulevard Bourdon gleichzeitig auf dieselbe Bank. «Um sich die Stirn abzuwischen, nahmen sie ihre Kopfbedeckung ab, die jeder neben sich legte.» Auf der einen Mütze stand «Bouvard» geschrieben, auf der anderen «Pécuchet».

«Sieh an», sagte Bouvard, «beide haben wir den Gedanken gehabt, unseren Namen in unsere Kopfbedeckung zu schreiben.»
«Weiss Gott, ja; man könnte mir meine sonst im Büro vertauschen.»
«Genau wie bei mir ...»

«Und sie betrachteten sich.» Dann beschliessen sie, in Frühpension zu gehen, aufs Land zu ziehen und ihr Leben fortan dem Studium der Wissenschaften zu widmen. In den auf die Ouverture folgenden neun Kapiteln erörtern sie: Kapitel II: Gartenbau, Landwirtschaft, III: Chemie, Medizin, Geologie, IV: Archäologie, Geschichte, V: Literatur, VI: Politik, VII: Liebe, VIII: Gymnastik, Okkultismus, Philosophie, IX: Religion, X: Erziehung.

Rund 1500 Bücher will Flaubert für seinen Roman zu Rate gezogen haben. «Ich beginne ein Buch, das mich einige Jahre kosten wird ...», schreibt er in einem Brief. Und sein

Heldenzwiegespann: «Oft machten sie eine Pause, um das Gelesene zu durchdenken. Pécuchet schnupfte, und Bouvard war ganz rot vor Aufmerksamkeit.» Mit ihnen beiden durchreisen wir eine Brockenstube der Ergebnisse menschlichen Strebens nach Wissen, und zwar von wahrhaft kosmischen Ausmassen, mitgerissen in nie aussetzenden Kaskaden von Quintessenzen, deren Quelle, Flauberts unvergleichlicher ésprit, schlechterdings unerschöpflich ist. Ein kultur- und wissenschaftsgeschichtliches Wildwasser-Rafting von atemberaubendem Tempo. *Bouvard et Pécuchet* ist ein Buch über alles überhaupt und noch einiges mehr.

Hier nur ein Kurzabstecher auf das Terrain der Ästhetik:

Es gibt mehrere Arten des Schönen; in den Wissenschaften: die Geometrie ist schön; in den Sitten: man kann nicht leugnen, dass der Tod des Sokrates schön ist; im Tierreich: der Geruchsinn macht die Schönheit des Hundes aus. Wegen seiner schmutzigen Gewohnheiten kann das Schwein nicht schön sein; ebensowenig eine Schlange, denn ihr Anblick erinnert an die Gemeinheit. Die Blumen, die Schmetterling, die Vögel können schön sein. Kurz, die Hauptbedingung des Schönen ist: die Einheit in der Mannigfaltigkeit; das ist das Prinzip.«Aber», sagte Bouvard, «zwei schielende Augen sind mannigfaltiger als zwei gerade Augen und wirken doch weniger schön – meistens.»
  Sie beschäftigten sich mit dem Erhabenen.
  Gewisse Dinge sind an und für sich erhaben: das Tosen eines Giessbaches, tiefe Finsternis, ein vom Sturm gefällter Baum. Ein Charakter ist schön, wenn er triumphiert, und erhaben, wenn er kämpft.
  «Ich begreife es jetzt», sagte Bouvard, «das Schöne ist das Schöne und das Erhabene das sehr Schöne. – Wie soll man sie aber voneinander unterscheiden?»
  «Durch den Takt», antwortete Pécuchet.
  «Und woher kommt der Takt?»

«*Vom Geschmack.*»
«*Vom Geschmack?*»
Er wird definiert: ein besonderes Unterscheidungsvermögen, ein schnelles Urteil, die Überlegenheit, gewisse Beziehungen zu erkennen. Kurz, Geschmack ist Geschmack – aber wie man Geschmack erhält, sagt kein Mensch.

Ausser mit einer Myriade von gedruckten Denkern machen Bouvard und Pécuchet auch Bekanntschaft mit dem Dorf, in dem sie leben. «Nun entwickelte sich in ihrem Geist ein erbärmliches Talent: die Dummheit zu sehen und sie nicht zu ertragen.» Die Konsequenz: «Sie gingen nicht mehr aus, empfingen niemand.» Der Erfolg lässt keine halbe Buchseite auf sich warten: «Die Welt verlor für sie an Wichtigkeit; sie sahen sie wie durch eine Wolke, die aus ihrem Hirn kam und sich über ihre Augen legte». Bis wir mit ihnen schliesslich auch dem Tod ins Auge blicken: «…und das Nichts vor uns ist nicht schrecklicher als das Nichts, das hinter uns liegt».

Direktor Avenir Suisse

Gerhard Schwarz

Fred Uhlmann: **Der wiedergefundene Freund**

Arthur Koestler schrieb über diese Erzählung: «Hunderte dicker Bände sind über die Jahre geschrieben worden, in denen die Herrenrasse ihre Reinheit wahren wollte, indem sie aus Leichen Seifen machte. Ich bin jedoch überzeugt, dass gerade dieses kleine Buch sich auf die Dauer behaupten wird.» Ich empfand ähnlich, als ich die Geschichte einer Freundschaft zwischen dem 16-jährigen Sohn eines jüdischen Arztes und dem Spross eines schwäbischen Adelsgeschlechts vor dreissig

Jahren zum ersten Mal las. Jetzt, beim Wiederlesen, stiess mir manchmal das Pathos der Pubertät etwas auf, allerdings ist es ein durchaus passendes Stilmittel.

In knappen Pinselstrichen vermittelt Uhlman, wie Fanatismus und ideologische Verblendung 1932 in Stuttgart vom Alltag Besitz ergreifen und die schwäbische Idylle und selbst eine so tiefe Freundschaft zerstören. Hans Schwarz, der Icherzähler im ersten Teil, flieht rechtzeitig aus Deutschland und schwört sich, nur noch jenen Deutschen die Hand zu geben, die sich nicht mit dem Blut von Freunden und Verwandten befleckt haben. Es nimmt eine versöhnliche Wende, als der jüdische Emigrant durch Zufall erfährt, dass sein Jugendfreund, von dem er so enttäuscht war, als einer der Verschwörer gegen Hitler hingerichtet wurde.

Mich fasziniert und bewegt der differenzierte, nur begrenzt moralisierende Blick auf das Keimen der Katastrophe. Aus unzähligen Miniaturen setzt sich der grosse Strom der Geschichte des letzten Jahrhunderts zusammen. Das Buch ist eine Mahnung, achtsam zu sein gegenüber ähnlichen Entwicklungen, aber auch gegenüber pauschalen Verurteilungen.

Schriftsteller

Gion Mathias Cavelty

Robert Shea und Robert A. Wilson: **Illuminatus! – Die Trilogie**

Die *Illuminatus!-Trilogie* von Robert Anton Wilson habe ich mit sechzehn Jahren im legendären Buchantiquariat NARRENSCHIFF des von mir verehrten Komponisten, Dichters und Sängers Walti Lietha *(Ds Vreni wo us em Fenschter luagt* ist sein bekanntestes Lied) in Chur gekauft.

Ich wollte alles über Geheimorden, halluzinogene Drogen, Verschwörungen, noch mehr Drogen, ausserirdische Mächte, die Gegenkultur der 60er Jahre, Anarchie, Sex, okkulte Wissenschaften, den Diskordianismus, Tantra-Yoga, Numerologie, Bewusstseinserweiterung, Erleuchtung, Paranoia et cetera erfahren, und Walti Lietha – in solchen Themen überaus bewandert – hat mir die *Illuminatus!-Trilogie* in die Hand gedrückt.

Ich habe sie nach Venedig mitgenommen, wo ich mir an drei Tagen die Sehenswürdigkeiten der Stadt anschauen wollte. Die drei Tage habe ich im Hotelzimmer verbracht. Lesend. FUCK.

Das ist alles, was ich über dieses Werk sage. Ich bin ja nicht verrückt.

(Doch, noch etwas möchte ich sagen: Dan Brown und Konsorten – ihr seid ein müder Witz.)

PS: Nach der Lektüre von *Illuminatus!* bin ich Ministrant von Bischof Haas geworden.

Managerin

Heliane Canepa

Alain de Botton: **Versuch über die Liebe**

Es gibt wenige Bücher, die ich nicht mehr aus der Hand lege und mehrere Male lese. Dieses Buch gehört dazu. Es beschreibt die aufregende und «unreife» Liebe. Man trifft sich, schaut sich in die Augen, und die Schmetterlinge beginnen zu flattern. Man ist felsenfest davon überzeugt, dass die Begegnung vom Schicksal vorbestimmt ist. Dann schleicht sich der Alltag in das Leben ein, die Rückkehr zum Ich, der uns zu Sehenden werden lässt. Man fragt sich plötzlich, wie es möglich ist, dass jene, die behaupten, sie liebten uns, gleichzeitig Feindseligkeit und Groll gegen uns hegen können. Nach der Trennung beginnt die Zeit der Trauer, man ist bereit zu sterben. Bevor das geschieht, wird man von irgendeinem Menschen, der es gut mit einem meint, wieder auf die Strasse und ins Leben gelockt, und das ganze Liebesspiel fängt von vorne an. Und schon ist man wieder bereit, alles zu vergessen und dieselben Fehler erneut zu wiederholen.

Jeder von uns hat das schon mal erlebt – vielleicht sogar in beiden Rollen. Da es das Buch in meiner eigenen «unreifen» Zeit noch nicht gab, hielt ich mich an den Rat meiner Grossmutter: Verlieb dich nur in diejenigen, die dich ein bisschen mehr lieben als du selbst. Das ersparte mir so manchen Kummer. Ich habe oft laut gelacht beim Lesen, weil ich mir selbst begegnet bin. Alain de Botton schreibt aber auch, dass die «reife» Liebe zur Ehe führt, das heisst, man bekommt im Laufe der Zeit die Bereitschaft, jemanden zu lieben, genau so, wie er oder sie ist. Aber gefeit sind wir gegen die «unreife» Liebe nie, und das ist gut so.

Verlegerin

Susanne Schenzle

Fernando Pessoa: **Das Buch der Unruhe**

Seit dem Jahr 2000 begleitet mich *Das Buch der Unruhe* durch mein Leben. Es ist ein Text, der aus Notizen, Aphorismen, Zitaten, Gedankenspielereien, Beobachtungsfragmenten und Autobiographischem des Hilfsbuchhalters Bernardo Soares besteht. Er folgt keiner Chronologie. Das Lesen ist spielerisch. Ich schlage eine Seite auf, lese, lasse meine Gedanken zum

Gelesenen schweifen, lese weiter, oder lege das Buch zur Seite. Ich bezeichne es als Lebensbuch, Medizin, in jeglichen Lebenslagen, ein Felsen in der Brandung, ein Haus mit vielen Zimmern. Die Türe steht permanent offen. Je älter ich werde, desto mehr Erfahrungen ich mache, desto wichtiger wird dieses wunderbare Buch, das süchtig macht, für mich.

Seinen Autor hätte ich gerne kennengelernt. Es ist Fernando Pessoa, der berühmteste moderne Dichter Portugals. 1935 ist er gestorben.

«Wir alle, die wir träumen und denken, sind Buchhalter und Hilfsbuchhalter in einem Stoffgeschäft oder irgendeinem anderen Geschäft in irgendeiner Unterstadt. Wir führen Buch und erleiden Verluste: wir ziehen die Summe und gehen vorüber; wir schliessen die Bilanz, und der unsichtbare Saldo spricht immer gegen uns.»

Rapper

Tinie Tempah

John Steinbeck: **Von Mäusen und Menschen**

Ich war noch in der Schule, als ich dieses Buch gelesen habe. Ich las es nur ein einziges Mal, aber es ist mir stark in Erinnerung geblieben. Es spielt in den Südstaaten, ganz tief im Südosten der USA, und es handelt davon, dass man sich während des Erwachsenwerdens gewisser Gefühle noch nicht bewusst ist. Zum Bespiel, wie gross die Welt eigentlich ist und was sie alles beinhaltet. Wenn man jung ist, kennt man die Tragweite der Ereignisse noch nicht. In der Geschichte geht es um Wanderarbeiter, die auf der Suche nach Arbeit von Farm zu Farm ziehen. Das Schicksal führt zwei von ihnen zusammen: den schlauen George und den kräftigen, aber geistig zurückgebliebenen Lennie. Wegen Lennie geraten die beiden immer wieder in Schwierigkeiten. Er wird für Dinge beschuldigt, die er gar nicht oder nicht willentlich begangen hat. Das Buch hat mich dazu gebracht, die Dinge manchmal von einer anderen Seite zu beleuchten und mir nicht nur auf eine Art eine Meinung zu bilden. Ich neigte vorher dazu, stur bei meinem Blickwinkel und meiner Meinung zu bleiben. Nachdem ich das Buch gelesen hatte, wurde mein Sichtfeld breiter. Danach begann ich mehr und mehr *advocatus diaboli* mit mir selbst zu spielen. Ich sagte mir: «Es könnte doch auch sein, dass man das Ganze so und so betrachten muss.» Oder: «Hast du auch wirklich alle Aspekte in deine Überlegungen mit einbezogen?» Es war also eher ein Lebensratgeber. In Bezug auf meine Musik hat sich durch die Lektüre nichts direkt verändert.

Derzeit komm ich kaum zum Lesen. Oder ehrlich gesagt, gar nicht. Das Einzige, was ich lese, sind die SMS, die ich von meinen Freunden und meiner Familie bekomme, während ich von Stadt zu Stadt ziehe und einen Auftritt nach dem anderen absolviere. Und die Textzeilen, die ich zwischendurch in mein BLACKBERRY drücke. In der Hoffnung, dass daraus irgendwann der nächste Hit entsteht.

Journalist

Peer Teuwsen

Hans Lebert: **Die Wolfshaut**

Wer schreiben lernen will, muss lesen. Und zwar dieses Buch. Allein der erste Satz! «Die rätselhaften Ereignisse, die uns vergangenen Winter beunruhigt haben, begannen, wenn wir es

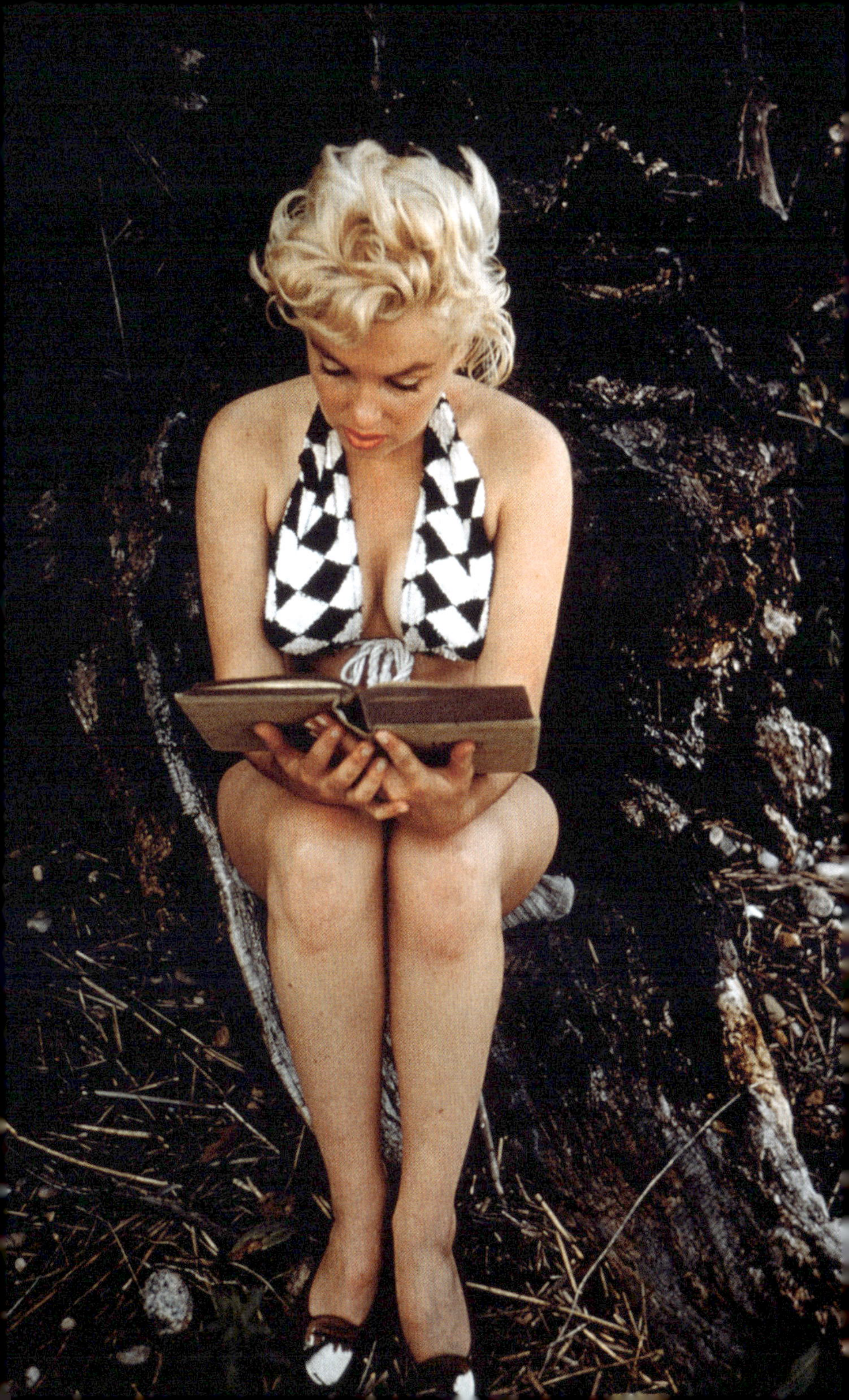

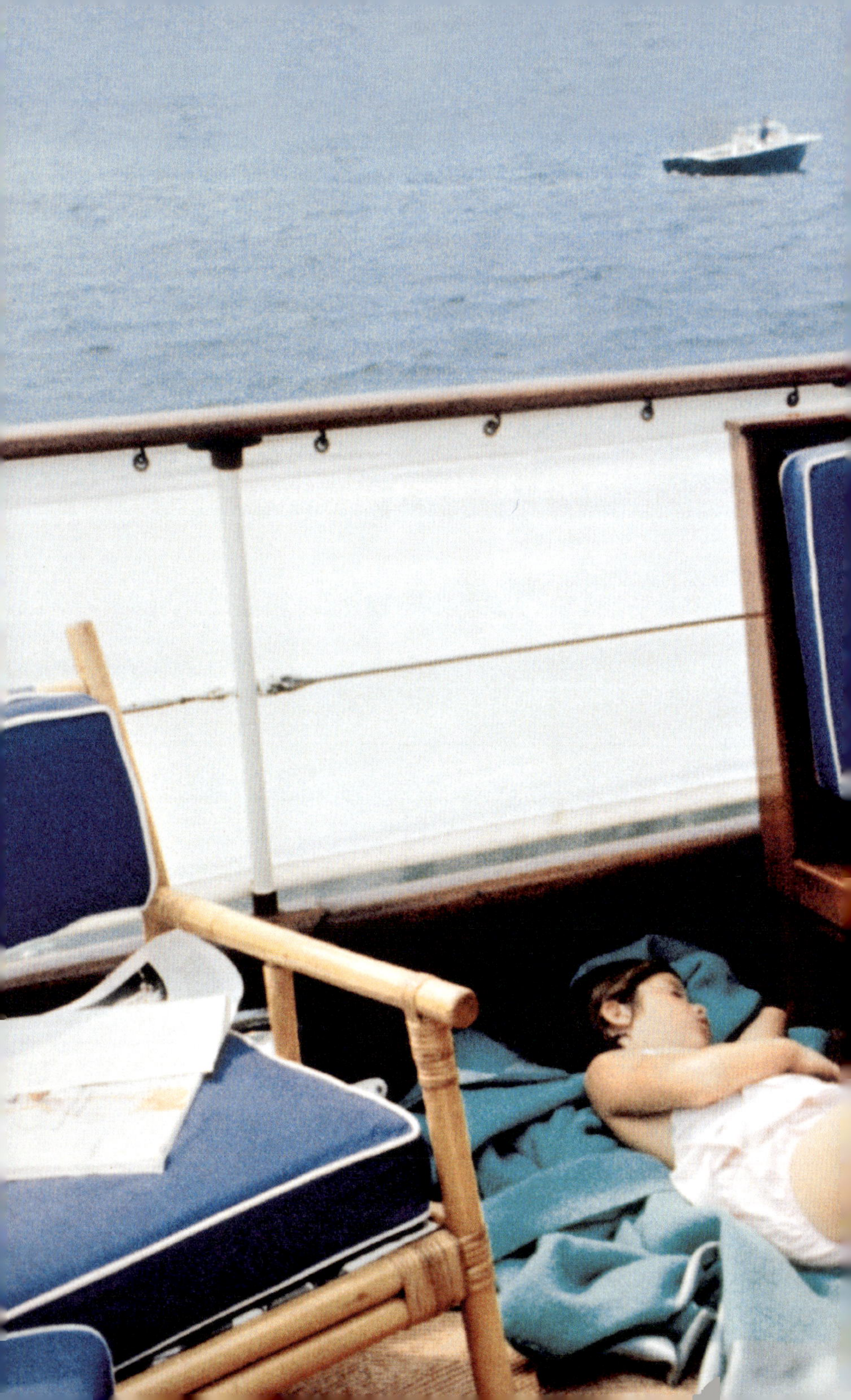

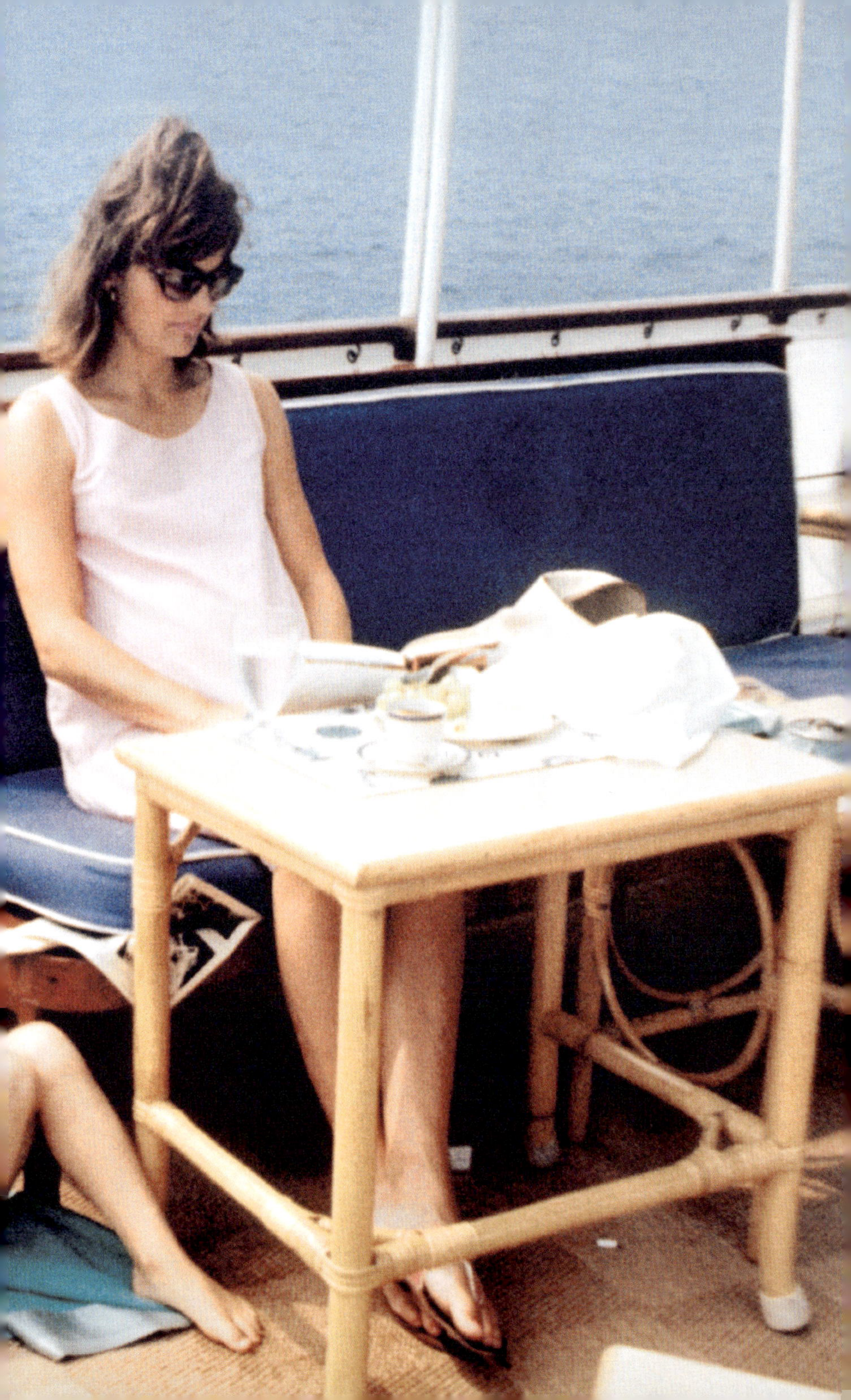

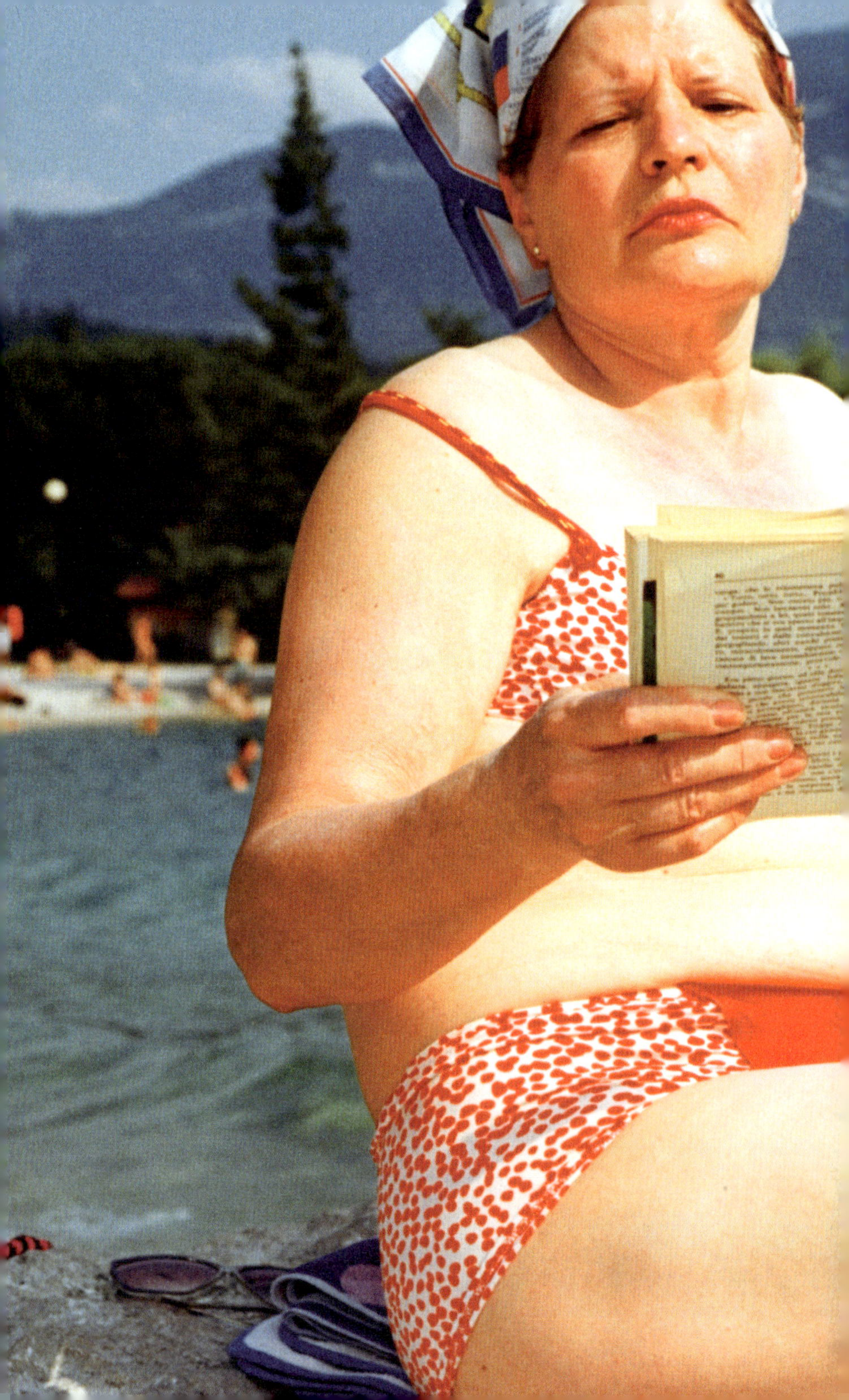

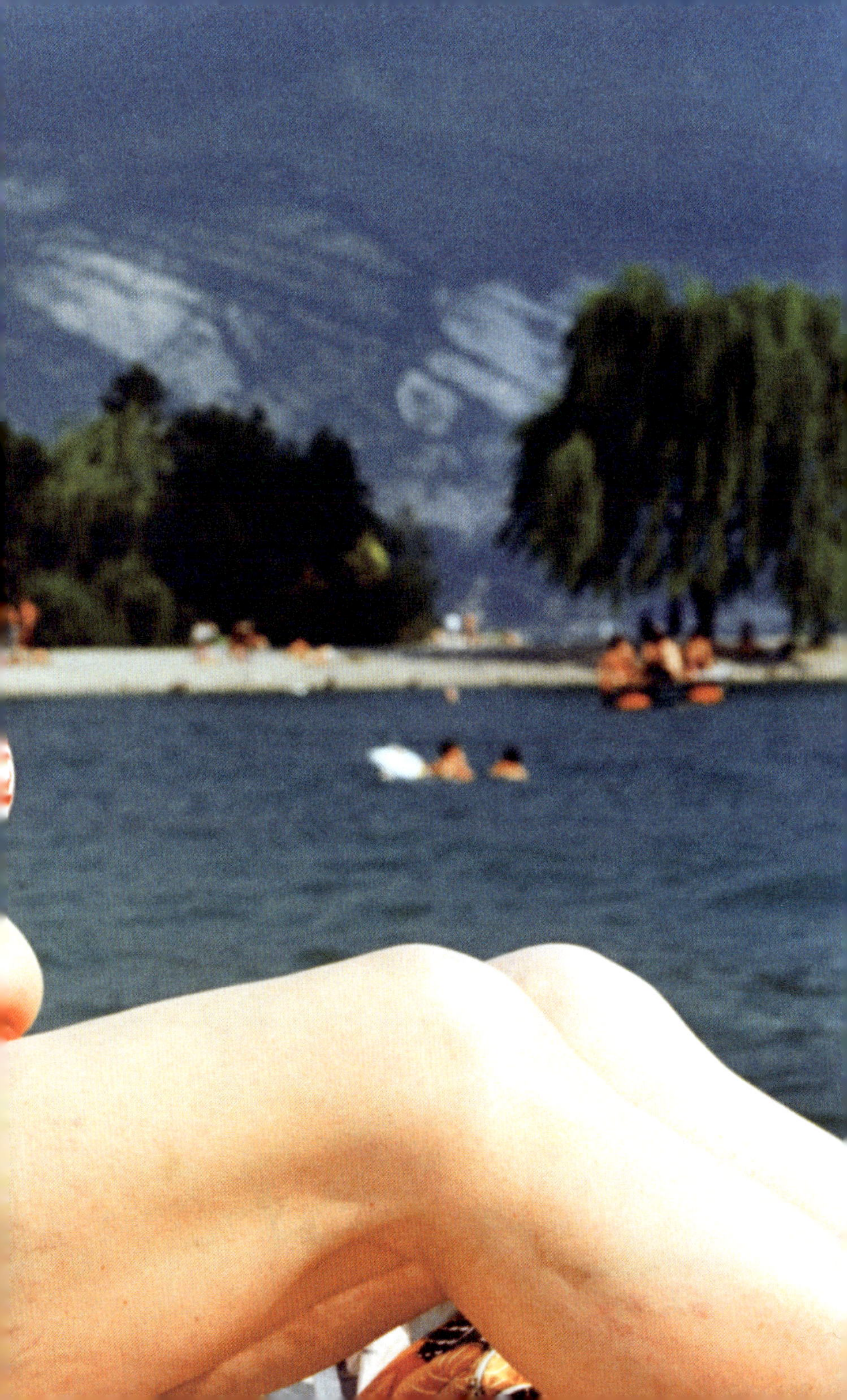

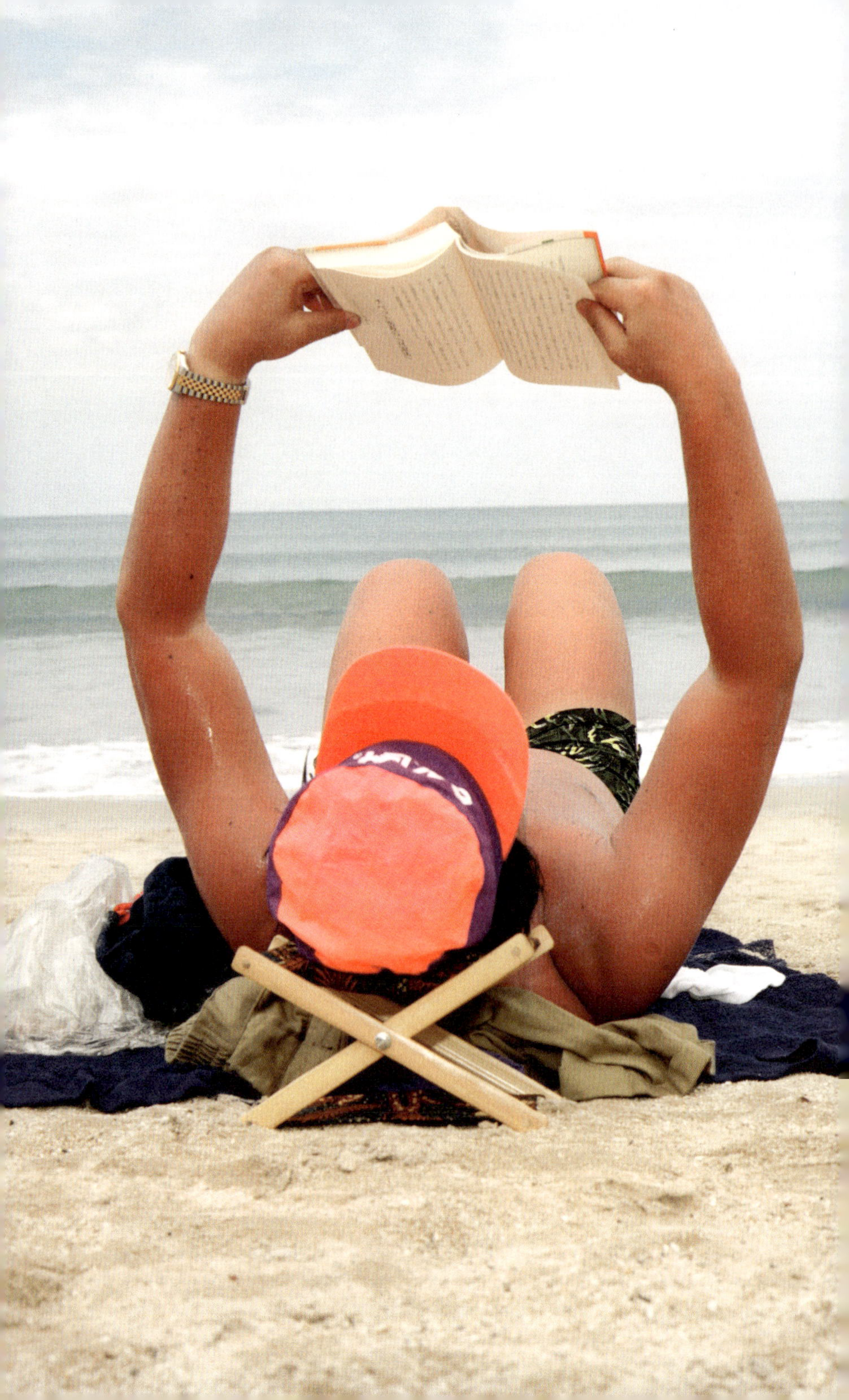

näher betrachten, nicht, wie man allgemein annimmt, am neunten, sondern aller Wahrscheinlichkeit nach schon am achten November, und zwar mit jenem sonderbaren Geräusch, das der Matrose gehört zu haben behauptet.» Warum fangen eigentlich Zeitungsartikel nie so an?

Hans Lebert erzählt in seinem Hauptwerk *Die Wolfshaut* eine Geschichte aus einem österreichischen Bergdorf namens «Schweigen» im November 1952. Der Krieg ist vorbei, und die Menschen wollen vergessen: «Wir anderen schliefen damals schon wieder recht gut. Wir hatten allerdings auch keine Ursache, ungut zu schlafen. Den Krieg und seine verschiedenen Folgen glaubten wir überstanden zu haben; im ganzen Lande ging es wieder aufwärts, sogar eine Konjunktur bahnte sich an; und wenn uns etwas quälte, so war es höchstens schon wieder die Langeweile, welche in Friedenszeiten hierorts daheim ist und wie ein graues, unfassbares Gespenst zwischen den Häusern und zwischen den Stacheldrahtzäunen umgeht.»

Aber plötzlich passieren seltsame Todesfälle, die Bewohner glauben an einen Wolf, der sein Unwesen treibt. Aber ein Aussenstehender, der Matrose eben (sein bürgerlicher Name: Johann Unfreund), macht sich daran, den Fällen auf den Grund zu gehen. Das bekommt ihm nicht gut.

Die Wolfshaut ist eine meisterhaft geschriebene Brandrede gegen das Vergessen, das Verschleiern, das Sich-dumm-Stellen, das von allgemein menschlicher Natur zu sein scheint. Und wie er das Macht, der Lebert! Das sind die leblosen Augen einer Leiche «nackte Taubeneier», einer hat ein «Gesicht, das wie Streichkäs ist», die subkutanen Aggressionen des Menschen beschreibt er als den «glühenden Hass, der unter der Erdkruste lauert».

Ja, ich habe viel gelernt von der Prosa des Österreichers Hans Lebert, Neffe von Alban Berg, berühmter Wagner-Sänger, vergessener Schriftsteller. Er hat mich gelehrt, dass sich

Anliegen und Eleganz nicht ausschliessen, dass man musikalisch und informativ zugleich sein und dass man für die eigene Wut auf das beschädigte Wesen Mensch angemessene Worte finden kann. Es ist eine Schande, dass so wenige dieses Buch, diesen Schriftsteller kennen. Aber diejenigen, die ihn gelesen haben, können ihn nicht vergessen. Oder wie Karl-Markus Gauss nach dem Tod des grossen Mannes der österreichischen Literatur am 20. August 1993 in der ZEIT schrieb: «Österreich war Hans Leberts grösste Liebe – und sein ewiges Verhängnis. Mit ihm ist kein modisches Geschäft zu betreiben, keine billig kalkulierte Österreich-Beschimpfung zu legitimieren. Er wird wieder vergessen werden. Und er wird bleiben. Die Nachricht von seinem Tod am 20. August erreichte die mässig erschütterte Nachwelt um Tage verspätet.»

Buchhandelsvertreter

Markus Wieser

Edward Abbey: **Die Monkey Wrench Gang**

Ein Roman mit Sprengstoff im wahrsten Sinn: George Hayduke, ein Vietnam-Veteran, kehrt aus dem Krieg in seine Heimat, in den Südwesten der USA zurück. Dort sieht er seine Landschaft durch die industrielle Entwicklung, durch Strassen- und Eisenbahnbau, akut gefährdet. Zusammen mit einem exzellenten Wildwasserfahrer und Wüstenfuchs, einem Arzt und notorischen Abfackler von Werbeplakaten, und mit dessen resoluter Assistentin (welche lieber handelt als redet), macht er sich auf, das zu zerstören, was ihn und die andern bedroht. Vier schräge und sympathische Figuren kämpfen mit allen Mitteln und reichlich Dynamit gegen eine Walze der Zerstörung. Das liest sich so vergnüglich wie Don Quichotte, ist spannend wie ein Mankell und so aktuell wie die Tagesschau (die heute über Stuttgart 21 berichtet und morgen über die Zerstörung der brasilianischen Regenwälder). *The Monkey Wrench Gang* (die Schraubenschlüsselbande) wurde in den frühen 70ern geschrieben, hat aber nichts an Brisanz eingebüsst – im Gegenteil! Ein absolutes Highlight sind die grossartigen Illustrationen von Robert Crumb, die einige Jahre später entstanden sind und sich wunderbar in den literarischen Text einfügen. Die deutsche Neuausgabe setzt auch in dieser Hinsicht einen eigentlichen Meilenstein in die Literaturlandschaft.

Architektin

Annette Gigon

Gerhard Meier: **Ob die Granatbäume blühen**

Wenn ich wirklich wählen muss, welches Buch mich am meisten beeindruckt hat, komme ich in Verlegenheit, denn diese Wahl muss ungerecht sein, auch gegenüber der Wirkungskraft der verschiedenen Bücher in den jeweiligen Lebensphasen, in denen ich mich von ihnen habe einnehmen lassen. Wenn es also zwischen dem *Stiller,* der mich damals mit 16/17 mit seiner ungeschönten, selbstreflexiven Art fesselte und dem *Ulysses,* dessen Formen und Stile mich fünf Jahre später bodenlos faszinierten, oder zwischen den frühen Büchern von Handke wählen müsste – welches? *Wunschloses Unglück, Langsame Heimkehr* oder *Versuch über die Müdigkeit?* –, wenn auch die von Männern geschaffenen berühmten Damen, die *Madame*

Bovary und die *Anna Karenina*, zueinander in Konkurrenz treten müssten, und wenn dann insbesondere nicht nur die beschriebenen, sondern auch die schreibenden Frauen mit ihren Werken immer deutlicher auftauchen an meinem Lesehorizont und ihn kräftig erweitern – Marguerite Duras mit ihrem *Liebhaber* und Alice Munro mit Kurzgeschichten Pixel für Pixel ein grösseres Bild zeigend und Miranda July, die einem auf sanfteste und schrägste Weise erklärt, *No one belongs here more than you*, und dann Ilma Rakusa – mit *Mehr Meer* – das ich schlückchenweise zu mir nahm, abends vor dem Einschlafen, in den Gute-Nacht-Leseabschnitts-Freiräumen.

Also wenn ich von all den Sachverhalten, Dingen und Wahrheiten, die ich lesend begreifen konnte, weil sie mir in wunderbar kluger Weise beschrieben wurden, die eindrücklichste Bündelung in Buchform wählen müsste, würde ich verlegen und etwas trotzig Gerhard Meiers letztes dünnes Büchlein, *Ob die Granatbäume blühen,* herauspicken, ein Büchlein über fast Nichts, nur ein Hauch, ein Klang, ein Nach-Denken und An-Denken an seine geliebte Frau, an das Leben und auch an die Literatur.

Theater- und Filmschauspielerin

Bibiana Beglau

Thomas Harlan: **Rosa**

Dieses Buch begleitet mich, und ich habe es mehr als einmal gelesen, so wie andere Bücher auch. Gerade lese ich Marquez' *Liebe in Zeiten der Cholera* nach fünfzehn Jahren wieder – und eben habe ich Peter Stamms *Ungefähre Landschaft* auch nochmals gelesen. *Rosa* von Thomas Harlan wurde mir vom Filmregisseur

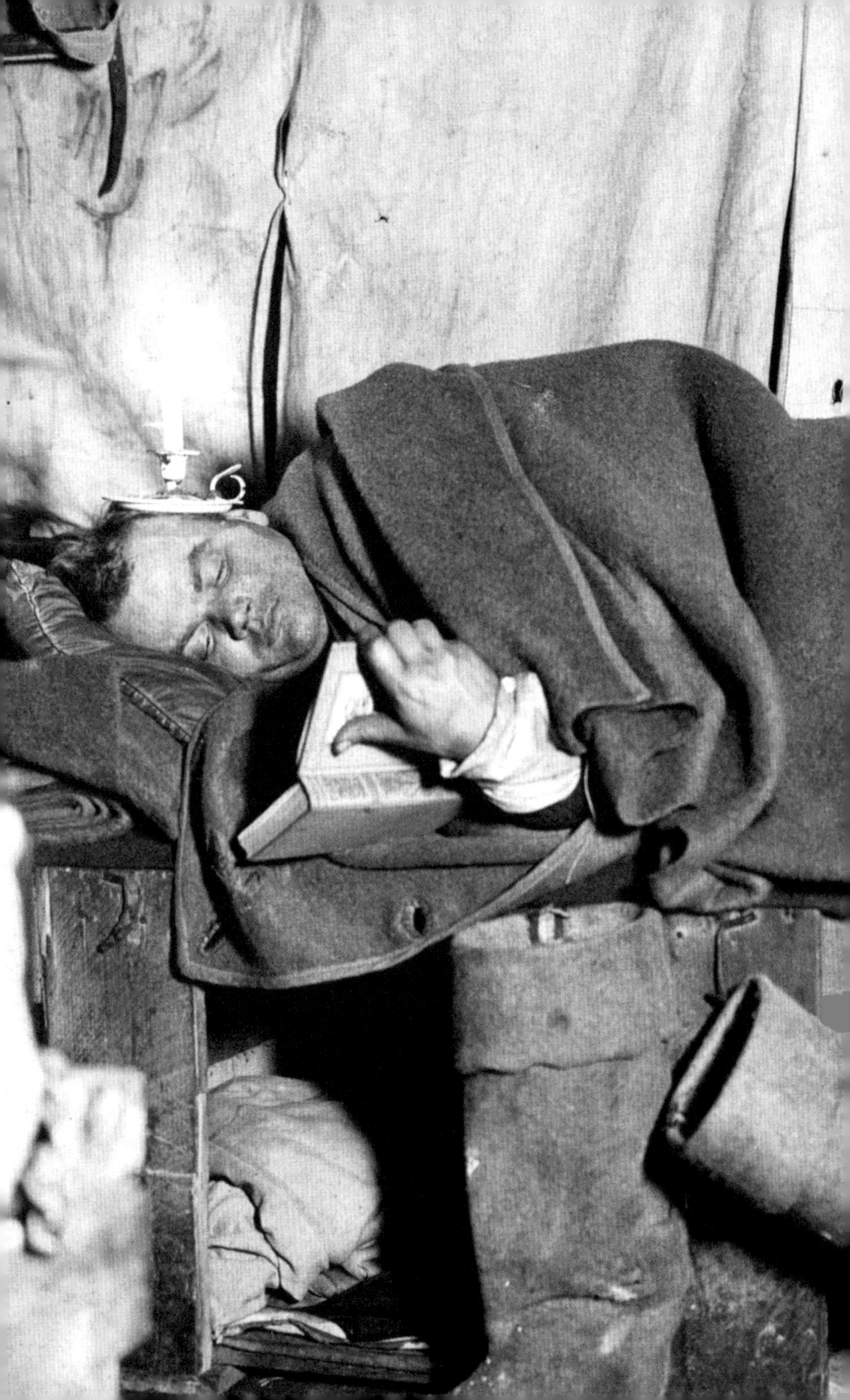

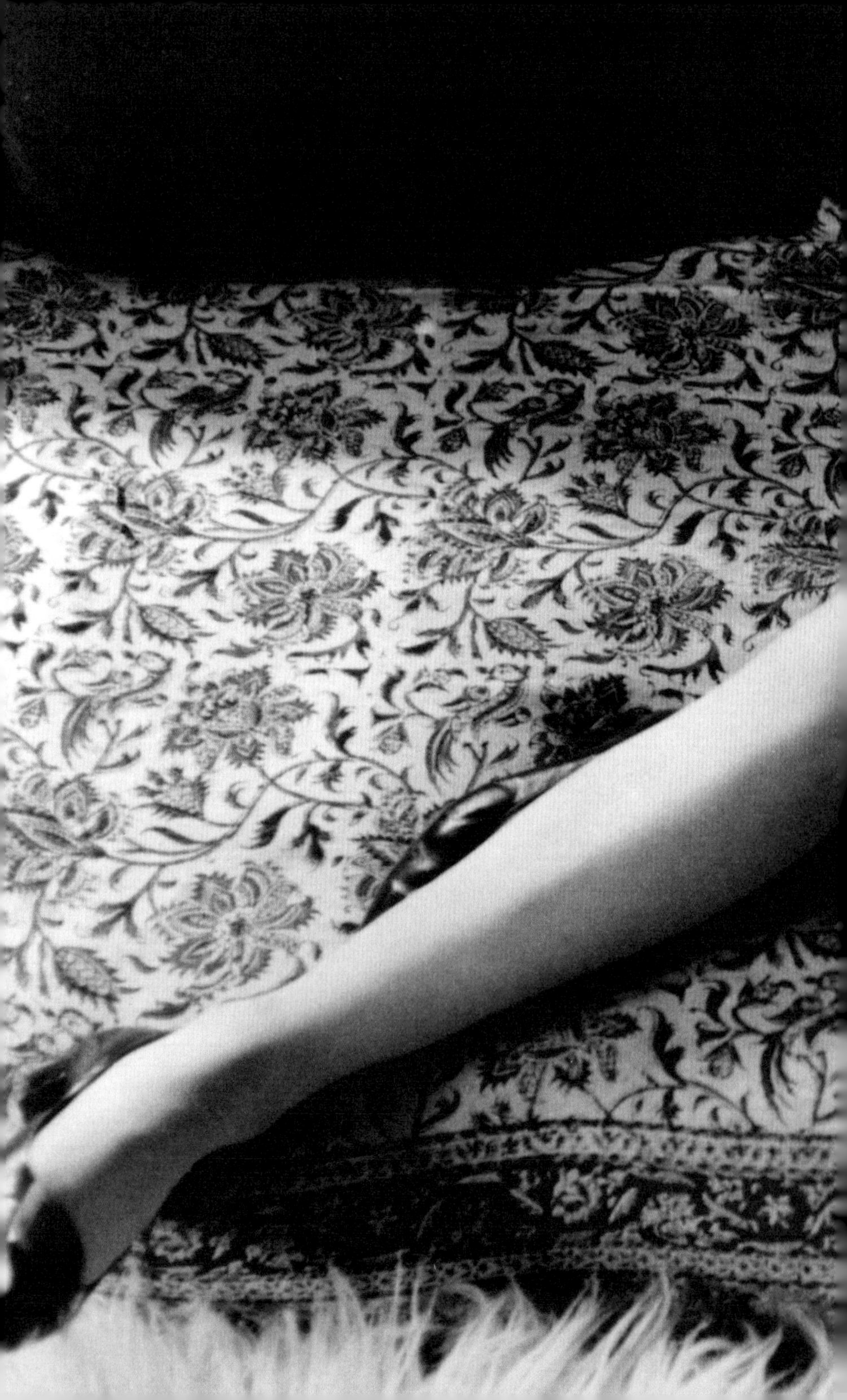

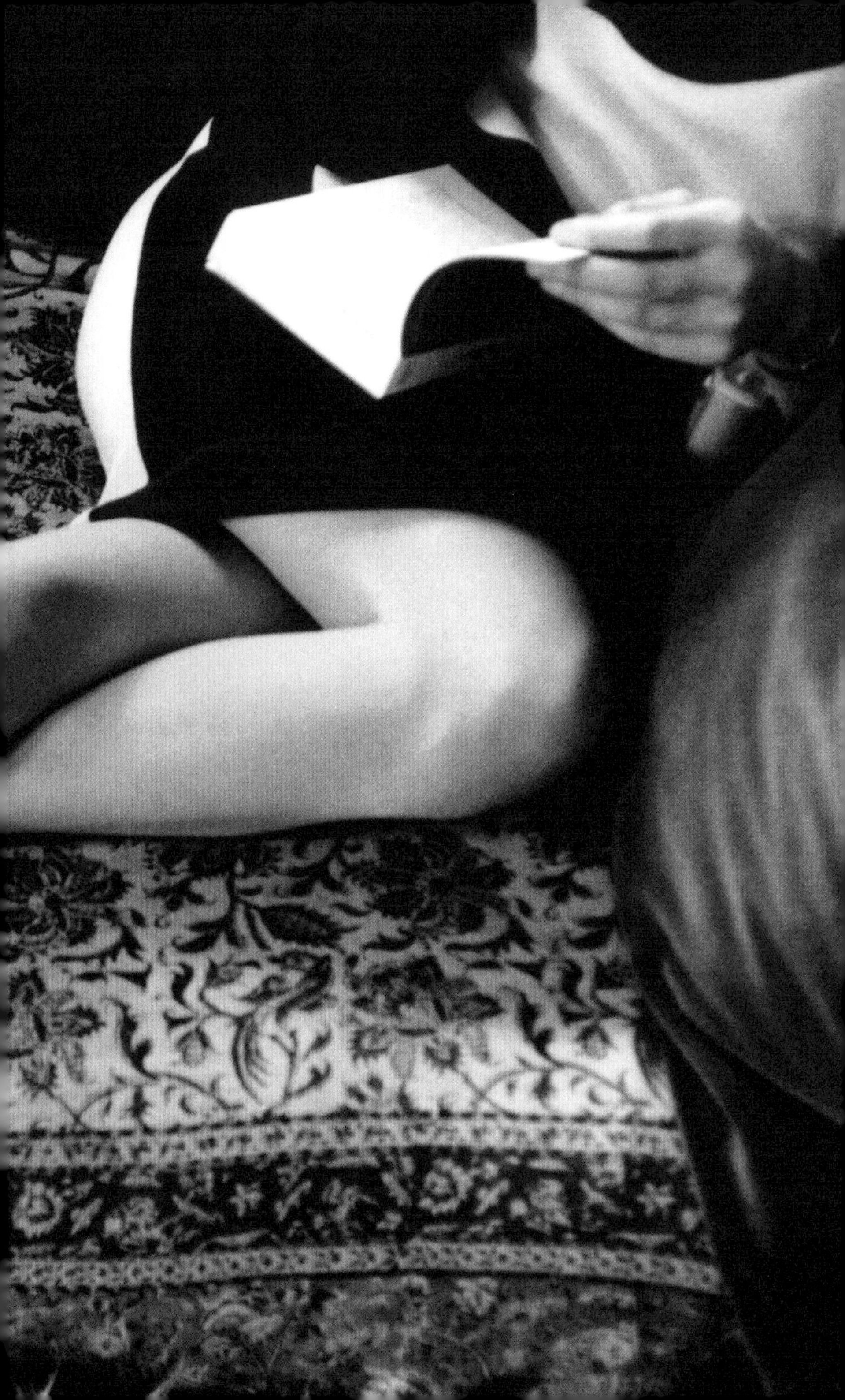

LE GRAND SOMMEIL

Romuald Karmakar empfohlen. Das war vor acht Jahren. Und nachdem ich es gelesen hatte, war mir klar, dass es mich weiter begleiten würde: Immer wieder musste ich gewisse Stellen nachlesen. Es ist nicht ganz leicht, der verkrüppelten Sprache zu folgen oder den Figuren nahezukommen; die sind wie aus der Welt gefallen in ihrer Sprachlosigkeit, in ihrer Verstelltheit. Das Buch beginnt wie ein Märchen an einem seltsamen Ort. Zwei Menschen und ein Pferd leben in einem Erdhügel. Die Frau heisst Rosa und ist verstrickt wie auch ihr Mann in die Vernichtung von 100 000 Juden im polnischen Chelmno. Es gibt einen Soldaten, dessen Geschichte sprachlos ist, denn sein Kiefer ist weggeschossen. Es gibt immer wieder Zeugenaussagen und Befragungen: Wer hat was wann gesehen? Wer war dabei? Und es gibt eine Gruppe von Regisseuren, die auf die Suche geht nach dem verschütteten Ort des Geschehens. *Rosa* ist keine übliche Holocaustbewältigungsliteratur. Es ist nicht ein Versuch, Wahrheit aufzudecken oder eine Vergangenheit zu verstehen, sondern einen Zustand zu erfassen, den wir als Schmerz immer noch in uns tragen. Es gibt in dem Buch keine Chronologie, mehrere Handlungsstränge wirbeln durcheinander. Eine Fülle von Beweismaterial ergiesst sich über den Leser. All das führt uns in eine innere Katastrophe, die uns alleine zurücklässt.

Zeichner

Peter Gut

Rudolf Lorenzen: **Alles andere als ein Held**

Wieso mir dieses Buch geblieben ist, habe ich mir nie überlegt. Erst jetzt, da ich etwas darüber sagen soll, tue ich das. Das Buch hat sicher mit meiner Abstammung, meiner Kindheit zu tun. Vor allem mit meiner Mutter, die den Zweiten Weltkrieg als junge Frau in Deutschland erlebt hatte. Mein Vater, ein echter *Zürihegel*, erlebte die gleiche Zeit als Aktivdienstler am Gotthard.

Während mein Vater gerne kleine Geschichten aus jener Zeit zum Besten gab, die sich dann im Laufe der Jahre noch etwas zuspitzten, war es ungleich schwieriger, Persönliches aus dem Leben meiner Mutter zu erfahren. War es Scham, Traurigkeit, die Angst vor Verdrängtem? In den Jahren meiner Kindheit und Jugend erfuhr ich dann aber von ihr immer mehr. Die Themen, über welche sie sprach, gingen mit meinem Älterwerden einher.

Während wir in der Schule den Weltkrieg vor allem aus der Sicht der Alliierten kennenlernten lauschte ich zuhause den Geschichten meiner Mutter, und so verband ich das Grosse mit dem Kleinen, das Weltgeschehen mit dem Privaten.

Bei jedem Fussballspiel mit deutscher Beteiligung war ich hin und her gerissen. Meine Kameraden und vor allem deren Väter gerieten dann regelmässig in Wallungen und hofften lautstark, dass die elenden «Sauschwaben» eins aufs Dach kriegten. Manchmal freute ich mich heimlich, wenn Deutschland gewann, und manchmal wünschte ich mir, dass es verlor.

Aber im Stillen.

Später bin ich viel nach Deutschland gereist. Als Kind liebte ich es, bei meinen Verwandten im Süddeutschen zu sein. Mit den anderen Kindern zu spielen. Ich war dort auf dem Land ein ganz Spezieller, ein Schweizer eben. Nie habe ich ein schlechtes Wort über meine Heimat gehört. Bin ich heute in Deutschland, geniesse ich die direkte Art dort, vor allem nordwärts.

Alles andere als ein Held ist eine Geschichte, die mich an etwas erinnert, was mit mir zu tun hat. Genauer kann ich es nicht sagen. Nur so viel, dass mich der Protagonist, der junge Mohwinkel, berührt. In seinem Zaudern, in seinem Duckmäusertum und seinem Sich-durchs-Leben-schlängeln, um dann erst in späteren Jahren sein Eigenes zu finden. Frieden zu schliessen mit sich und vielem, was da kreucht und fleucht.

Autorin

Johanna Adorján

Lew Tolstoi: **Anna Karenina**

Wer *Anna Karenina* noch nicht gelesen hat, ist zu beneiden. Eins der schönsten Bücher überhaupt liegt noch vor ihm, mehr als tausend Seiten aufgewühlte Herzen, raschelnde Röcke, fragende Blicke. Aber auch Ehebruch, Zerbrechen an Schuld und ein gewaltsam herbeigeführter, grausamer Freitod. Rosemarie Tietze hat das Werk für den HANSER-VERLAG so leichtfüssig und elegant ins Deutsche übersetzt, dass man gar nicht merkt, wie Hunderte von Seiten an einem vorbeirauschen. Man fängt an – der berühmteste erste Satz aller Zeiten, ob er nun stimmt oder nicht, «Alle glücklichen Familien sind einander ähnlich, jede unglückliche Familie ist unglücklich auf ihre Weise» – und schon ist man mitten im Geschehen, lebt mit Dolly, Kitty, Stiwa, Lewin, Wronski – und natürlich Anna; reist von Sankt Petersburg nach Moskau und wieder zurück, begibt sich zur Kur nach Bad Soden, spaziert ganze Nachmittage durch russische Landschaften. Die typische Tolstoi-Angst, all die komplizierten Namen nicht behalten zu können, ist übrigens völlig unbegründet (ein Merker mit allen Vor- und Zu- und Kosenamen liegt sicherheitshalber trotzdem bei). Und zuletzt wird man auch noch die Anmerkungen der Übersetzerin lesen, die sich auf Seite 1235 anschliessen und so interessant sind wie klug, um nur ja nicht dieses Buch aus der Hand legen zu müssen, denn auf die Frage, was man als Nächstes liest, ist selten so schwer eine befriedigende Antwort zu finden wie nach Lew Tolstois *Anna Karenina*.

Literaturkritiker

Stefan Zweifel

Friedrich Nietzsche: **Also sprach Zarathustra**

Weshalb immer tiefstapeln? Gewiss, eins meiner wichtigsten Bücher war Philippe Fixs *Serafin und seine Wundermaschine*, wo Serafin und sein Freund vor der Feuerwehr aus ihrem Wunderhaus in den Himmel flüchten, indem sie immer zwei, drei Treppenstufen vor sich in die Leere bauen, ins Blau des Himmels, dahin, wohin uns Freundschaft tragen kann. Aber da all meine Serafins ihre Kinderseite verloren und der Karriere geopfert haben, stürze ich beim nächsten Tritt ab. Jetzt. Da gibt nur noch etwas Halt: Nietzsche. *Also sprach Zarathustra*. Ja, man muss mit allem Pathos verteidigen, dass es ein paar Bücher gibt, für die man wirklich lebt und an denen man scheitert. Täglich. Die man gar nicht erträgt. Wenn man an sie denkt, dann platzt der Kopf. Also aus dem Vielen nur: Die drei Verwandlungen: Als Kamel hat man das ganze Wissen, die Rumpelkammer der Universität sich auf den Buckel geladen, doppelhöckrig, und durch die Wüste des Lebens geschleppt, ab und zu von einem grünenden Grün gelockt, das dann eben doch nur eine Fata Morgana war. Da möchte man zum Löwen werden, um sich beissen, alles zerreissen. Alle Werte umwerten, wie Nietzsche sagt. Nun, in diesem Kampf ist man noch immer vom Gegner bestimmt. Das ist das Drama der Dialektik. Ihrem Zwiekampf kann man nur als «rollendes Rad»

IL GRANDE ATLANTE STRADALE D'ITALIA

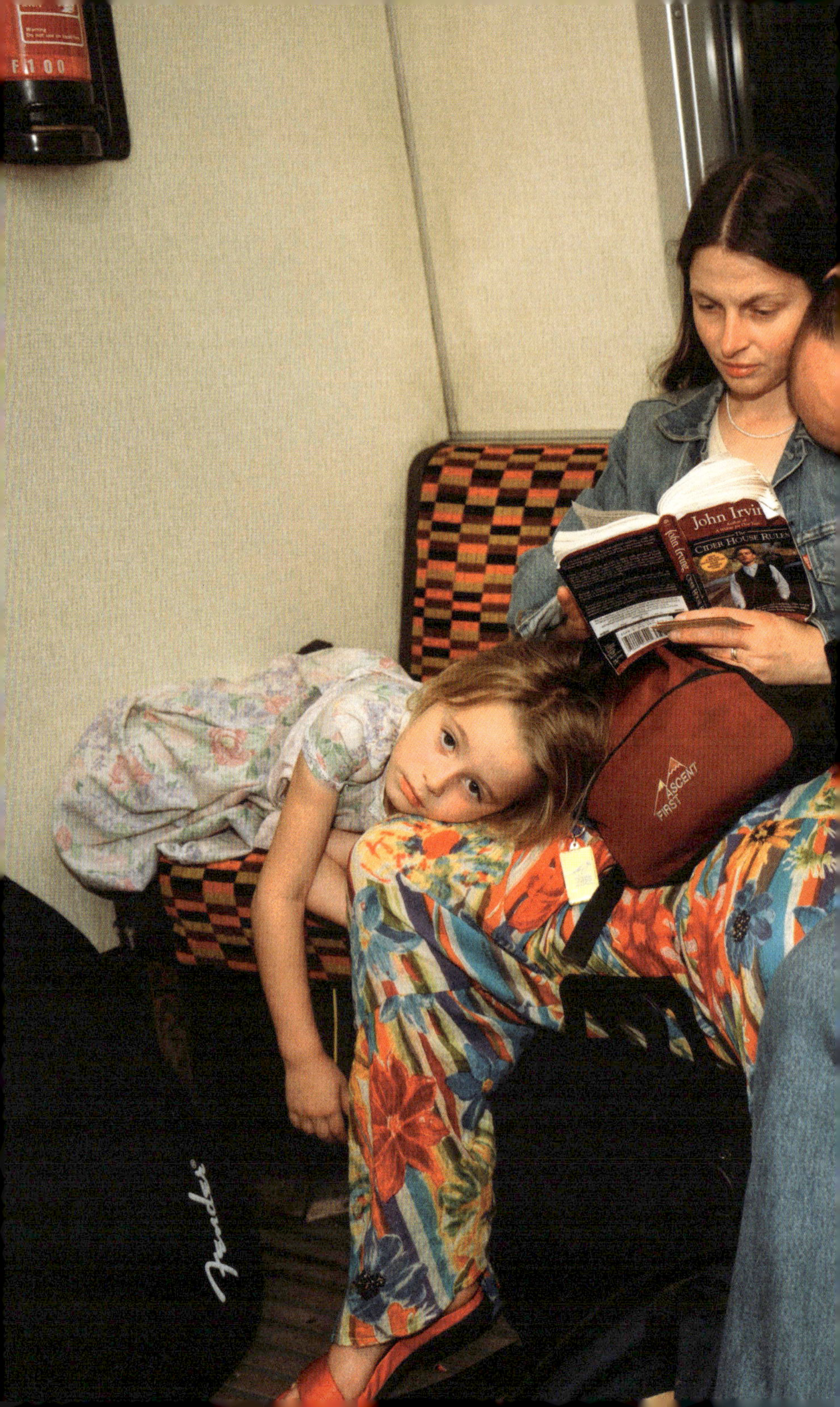
F100
John Irvin
CIDER HOUSE
ASCENT
FIRST
Fender

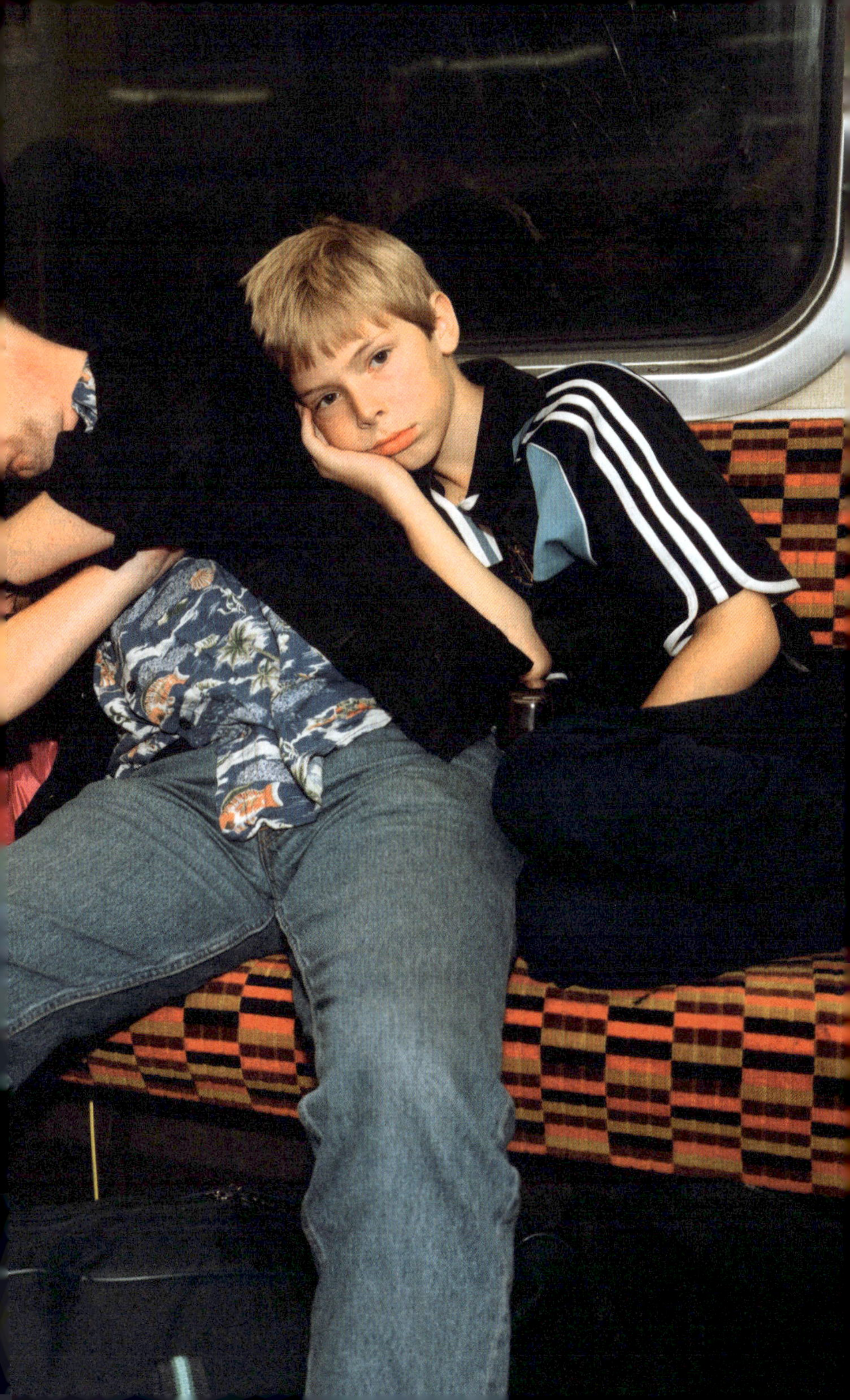

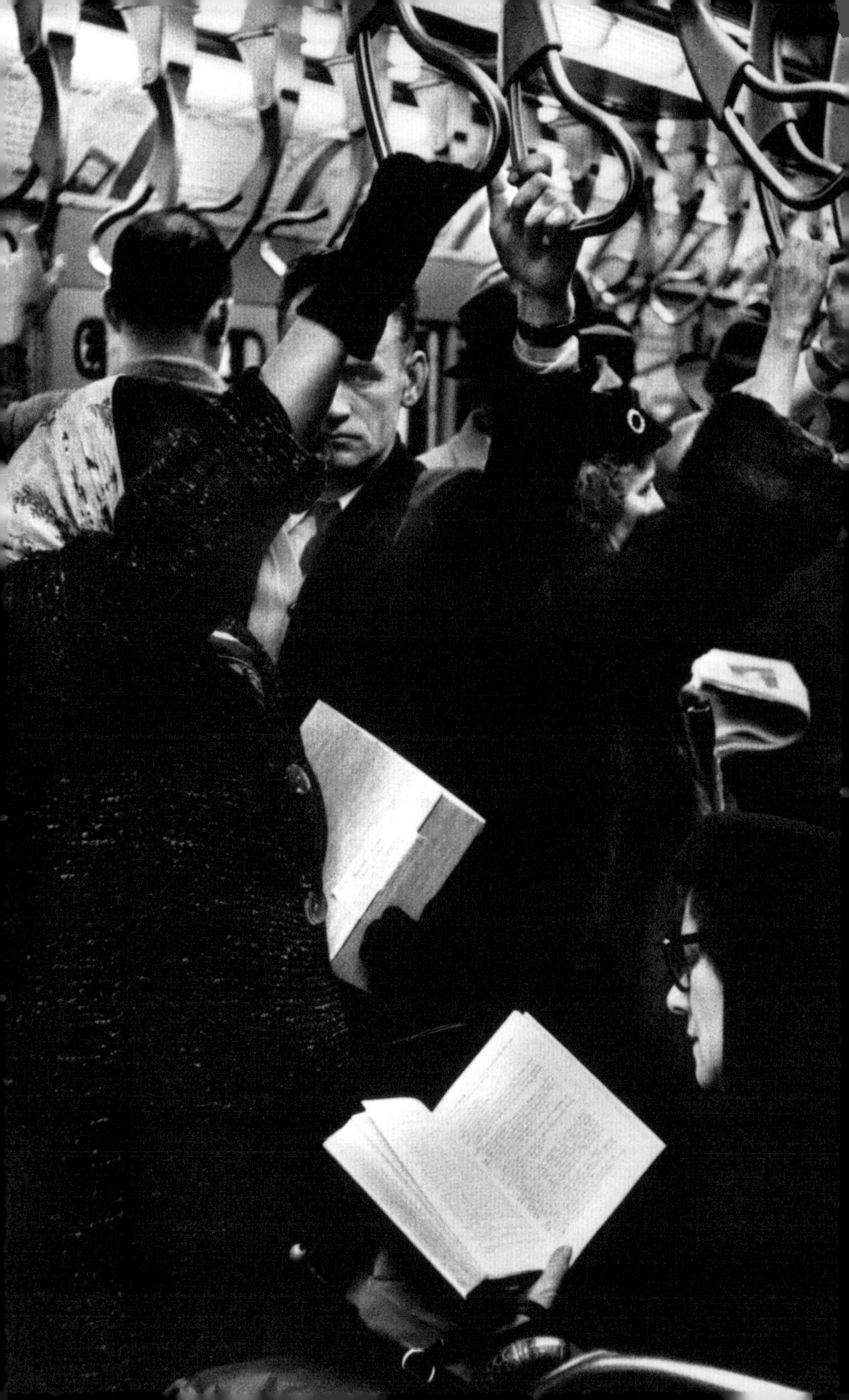

entkommen: So bezeichnet Nietzsche das Kind. Es wertet nicht um, sondern schöpft selbst neue Werte. Es baut in aller Unschuld Sandburgen, zerstört sie wieder. Und weiss noch nicht, wie seine Freunde bald schon alles dem Fortkommen in der Karriere opfern statt dem Höherkommen in der Freundschaft. So grüsst Nietzsche frühere Freunde.

Chefarzt Chirurgie, Kinderspital Zürich

Martin Meuli

Jean Giono: **Der Mann, der Bäume pflanzte**

Wenig Seiten braucht Jean Giono für die Geschichte des Hirten Bouffier (1858–1947): In den von Wind und Sonne geprägten Cevennen hatten Köhler um 1900 alle Wälder abgeholzt, das Holz zu Kohle verarbeitet und diese in der Stadt verheizt. Und auf diese Weise eine blühende Gegend zu verbrannter Erde gemacht.

Der wortkarge und ungebildete Bouffier lebte allein mit seinen Tieren in dieser trostlosen Einöde und beschloss, ganz aus sich selbst heraus, Abhilfe zu schaffen. Er pflanzte da, wo er Humus und Feuchtigkeit unter der Oberfläche vermutete, Eicheln, die er unter den wenigen Steineichen fand. Einhundert am Tag, und das jeden Tag, über dreissig Jahre und zwei Weltkriege hinweg. Aus diesen über eine Million mithilfe eines Eisenstabs in die Erde versenkten Eicheln erwuchs im Laufe der Zeit ein immer kräftigerer Wald, der sich schliesslich über Kilometer erstreckte, Wasser band und Regen anzog. Aus der Wüste wurde wieder grünes Land, so langsam allerdings, dass es kaum auffiel. Auch erhielt Bouffier vom staatlichen Förster Besuch, der ihm klarmachte, dass unbedachte Hirtenfeuer den «wunderbarerweise» neu entstandenen Wald gefährdeten ... Bouffier, unbeirrt, blieb seiner Mission treu und mehrte schweigsam und «in feierlicher Gesundheit» den Wald, bis er mit 89 Jahren starb.

Darf man diese berührende und moralbesetzte Geschichte heute erwähnen? E-icheln versus E-Mails, E-isenstabbohrung versus Mouseclick, e-hernes Schweigen versus drahtloses Schwadronieren, Profil versus E-inheitsbrei. Im Licht dieser Kontraste muss die Geschichte zitiert werden, weil sie wahr ist und die Welt edle und selbstlose Hirten braucht.

Journalist

Max Küng

Mordecai Richler: **Der Traum des Jakob Hersch** und **Solomon Gursky war hier**

Heute fragte mich ein Freund, was meine Lieblingsfarbe sei. Ich konnte ihm nicht antworten, nur sagen: Es kommt darauf an. Er insistierte und sagte: Seine Lieblingsfarbe sei Blau, ein jeder hätte doch eine Lieblingsfarbe. Ich sagte ihm: Nein, denn ein Auto hätte ich gerne in einer anderen Farbe als beispielsweise Nagellack – und das mit Blau, das sei ja wohl bei ihm eher ein Zustand als eine Farbe.

Das war ein schlechter Vergleich, der mit dem Auto und dem Nagellack, denn tatsächlich mag ich beides gerne braun, aber es fiel mir auf die Schnelle nichts Besseres ein.

Gestern fragte mich ein Freund, was mein Lieblingsbuch sei. Ich konnte ihm nicht antworten, nur sagen: Es gibt viele gute Bücher. Das war eine ganz und gar falsche Antwort. Erstens gibt es gar nicht so viele gute Bücher und zweitens hätte ich eine richtige Antwort gewusst. Die richtige Antwort hätte geheissen: *Solomon Gursky war hier* von Mordecai Richler. Richler lebte in Kanada, was wohl ein Grund dafür ist, dass man ihn kaum kennt. Hätte er ein paar hundert Meilen weiter südlich gelebt, dann wäre die Sache wohl anders herausgekommen.

Richler wurde 1931 geboren, in Montreal, wo er ziemlich genau 70 Jahre später starb. Er schrieb elf Romane und drei Kinderbücher sowie ein paar Sachbücher, eines davon über Billard, genauer über Snooker. Lange waren seine Bücher bei uns vergriffen, niemand schien sie zu vermissen und in den Buchläden fragte wohl auch niemand danach, ausser ich fragte dann und wann. Ja, ich machte es mir zur Gewohnheit, danach zu fragen, obwohl ich wusste, dass sie vergriffen waren, ganz einfach, damit gefragt und erinnert war. Deshalb war ich zwar nicht erstaunt, aber doch freudig überrascht, als es hiess, Richlers Bücher würden nun Stück für Stück neu übersetzt im LIEBESKIND VERLAG erscheinen. *Solomon Gursky war hier*: Was für ein gewaltiges, schönes, lustiges, herzzerreissendes Buch. Die Geschichte ist jene der Familie Gursky, die aus dem Nichts vor allem durch den Schmuggel mit Schnaps und ein paar anderen nicht sehr legalen Angelegenheiten zu einem Imperium wächst. Die Geschichte beginnt Anfang des 19. Jahrhunderts und endet in den 1980er Jahren. Ein grosser Bogen, den Richler mit wunderbaren Geschichten füllt, Geschichten über Eskimos, Polarexpeditionen, Whisky und einen Mann mit nur einem Hodensack.

Ich las das Buch vor langer Zeit, und im letzten Sommer nahm ich es wieder zur Hand. Es war schon recht ramponiert, manche Seiten lose (Taschenbuch halt, hätte ich doch die gebundene Ausgabe gekauft, damals). Ich glaube, ich habe noch nie ein Buch zweimal gelesen. Ich habe die meisten Bücher keinmal gelesen, aber zweimal? Ich mag mich nicht erinnern. Und dann noch ein Buch, dem ein komplizierter Stammbaum dieser Familie Gursky vorangestellt ist! Aber: Ich nahm es mit in die Ferien und meine Freude war enorm: Ich las die mehr als sechshundert Seiten innert kurzer Zeit noch einmal auf die Art, wie man geniale Bücher liest: Gierig aber auch sparsam, auf dass sie nicht zu schnell enden würden, mit angezogener Handbremse, jeden Moment geniessend, jeden Satz lesend, keinen Buchstaben überspringend, bewusst, so wie man Kaviar isst oder einen Cheval Blanc trinkt. Natürlich war die Geschichte viel zu schnell am Schluss angekommen und das Buch zu Ende auf Seite 644, wo sich ein Vogel in die Höhe schwingt, höher und höher, bis er sich in der Sonne verliert. Ich war ein bisschen traurig, aber vor allem auch sehr glücklich.

Präsident ETH Zürich

Ralph Eichler

Douglas Hofstadter: **Gödel, Escher, Bach**

Ich war dreissig, arbeitete in Stanford als Post-Doktorand beim Physiker und Nobelpreisträger Robert Hofstadter, als ich an einer Party seinen Sohn Douglas traf. Der hatte gerade ein 800 Seiten starkes Buch geschrieben. Darin erklärt er den berühmten Unvollständigkeitsbeweis des Mathematikers Kurt Gödel – eine abstrakte Sache, aber es gelingt ihm, die formale Logik Gödels mit den Illustrationen Eschers und der Musik Bachs zu verbinden.

Kurt Gödel hatte bewiesen, dass es in einem widerspruchsfreien Set von Regeln, das genügend reichhaltig und hinreichend einfach ist, immer Aussagen gibt, die aus diesem weder bewiesen noch widerlegt werden können. Nimmt man die beiden bekannten Sätze aus dem Altertum «Ich bin ein Kreter» und «Alle Kreter sind Lügner», leuchtet dies sofort ein. Gödel hat bewiesen, dass das auch in einem komplexen System immer gültig ist. Sein Beweis war ein Umsturz im Denken der Mathematiker, und mein Vater war Mathematiker. Wenn man Gödel verstanden hat, pflegt er zu sagen, hat man eine höhere Bewusstseinsebene erreicht.

Es geht in dem Buch auch um künstliche Intelligenz: die Frage, ob es je Computer geben wird, die an die gedanklichen Fähigkeiten des Menschen herankommen. Die Antwort lautet Ja. Man kann Software entwickeln, die sich verändert, die dazulernt. Mich hat damals die grosse Frage umgetrieben: Braucht es etwas Höheres, zum Beispiel Religion, um den menschlichen Geist zu erklären, oder kann man letzlich alles auf chemische und physikalische Vorgänge reduzieren? Heute glaube ich, dass Letzteres der Fall ist. Douglas Hofstadters Buch war ein Wegweiser.

Künstlerin, Fotografin und Regisseurin

Sam Taylor-Wood

Haruki Murakami: **Mister Aufziehvogel**

Ich mag fast alle Bücher von Murakami, aber dieses hat es mir besonders angetan. Und zwar ohne dass ich das an speziellen Dingen festmachen könnte. Es hat mich vor fünf Jahren auf sanfte, unterschwellige Art gepackt. Murakami entwirft darin eine Art metaphysische Landschaft – zugleich ausserweltlich fremd und ausserordentlich emotional. Der arbeitslose Jurist Ukada wird von seiner Frau verlassen und taucht in sein Inneres hinab. Dort begegnet er einigen hellsehenden Frauen. Klingt bizarr, ist es auch. Die Story bleibt diffus, genau wie Ukadas Gefühlsleben. Nicht dass sich mein Leben durch die Lektüre grundlegend verändert hätte, aber der Stoff oder vielmehr die Atmosphäre hat meine Träume und Gedanken nachhaltig angeregt. Wie stark, habe ich erst mit der Zeit gemerkt.

In den letzten Monaten habe ich mich durch einen ganzen Berg von Drehbüchern gearbeitet – in der Hoffnung, irgendwo den Stoff für meinen nächsten Film zu finden. Doch bis jetzt war alles Schrott. Mir selbst geht das Talent zum Schreiben völlig ab. Ich bin viel zu ungeduldig. Meine Stärke liegt darin, die Worte anderer Leute in Bilder zu übersetzen. Ich hab mich in Amerika mit einer ganzen Reihe von Produzenten getroffen. Und alle fragten mich: «Was für einen Film willst du als Nächstes machen?» Meine Antwort: «In jedem Fall einen guten.»

Ein Thriller würde mich reizen. Etwas mit einer anderen Intensität. Etwas, das einen packt wie dieses Buch von Haruki Murakami.

Schriftstellerin

Sibylle Berg

Upton Sinclair: **Der Dschungel**

Meine Erinnerung an eines der Bücher, die mir meine Jugend verdorben haben, erhebt keinerlei Anspruch auf eine korrekte Inhaltsangabe. Ich habe den *Dschungel* von Upton Sinclair später nicht erneut gelesen, ich lese Bücher nicht zweimal, es hat genug neue, die auf Stapeln liegen. Ausserdem will ich mir meine Erinnerungen nicht verwässern lassen. Jedes Buch, das

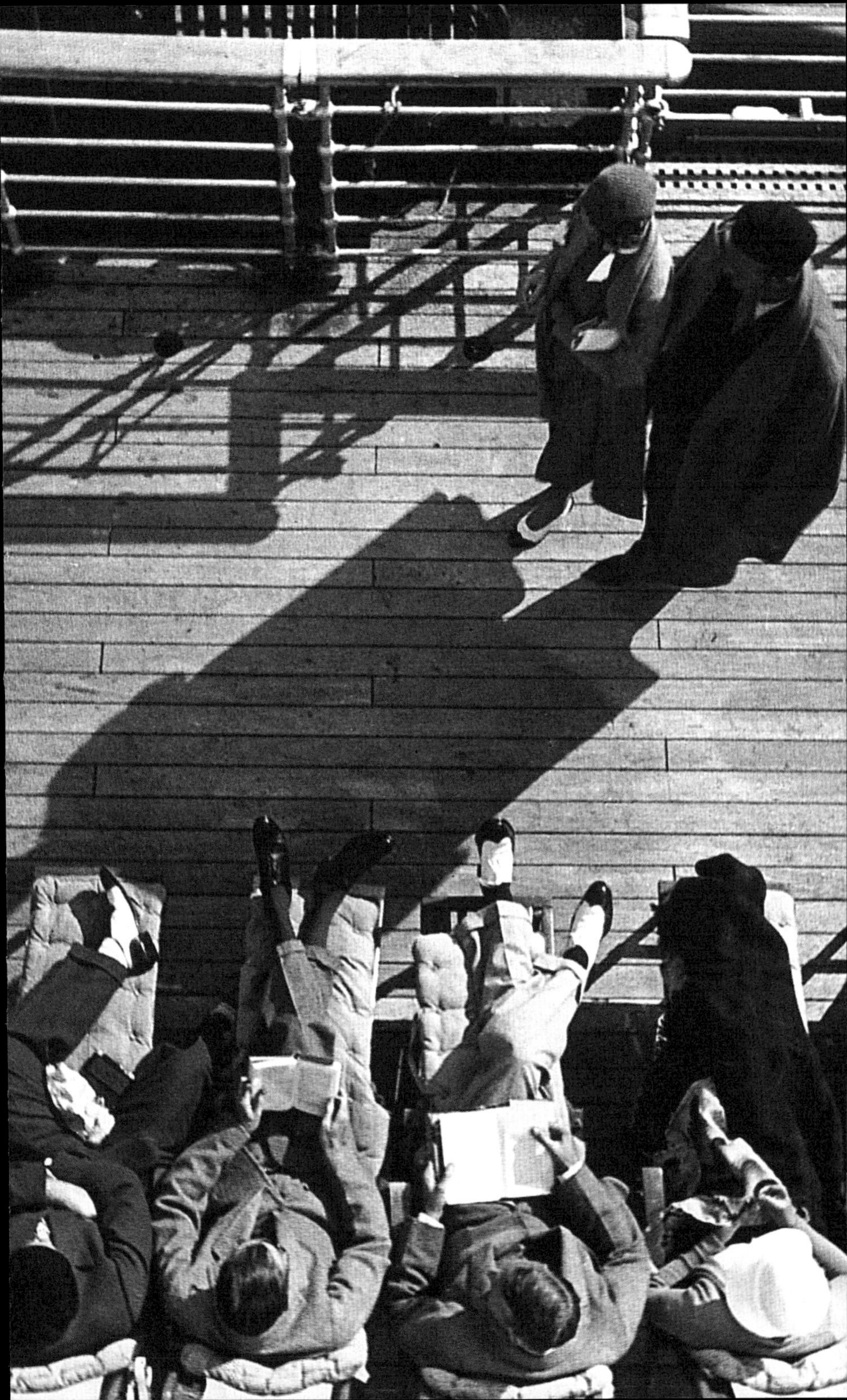

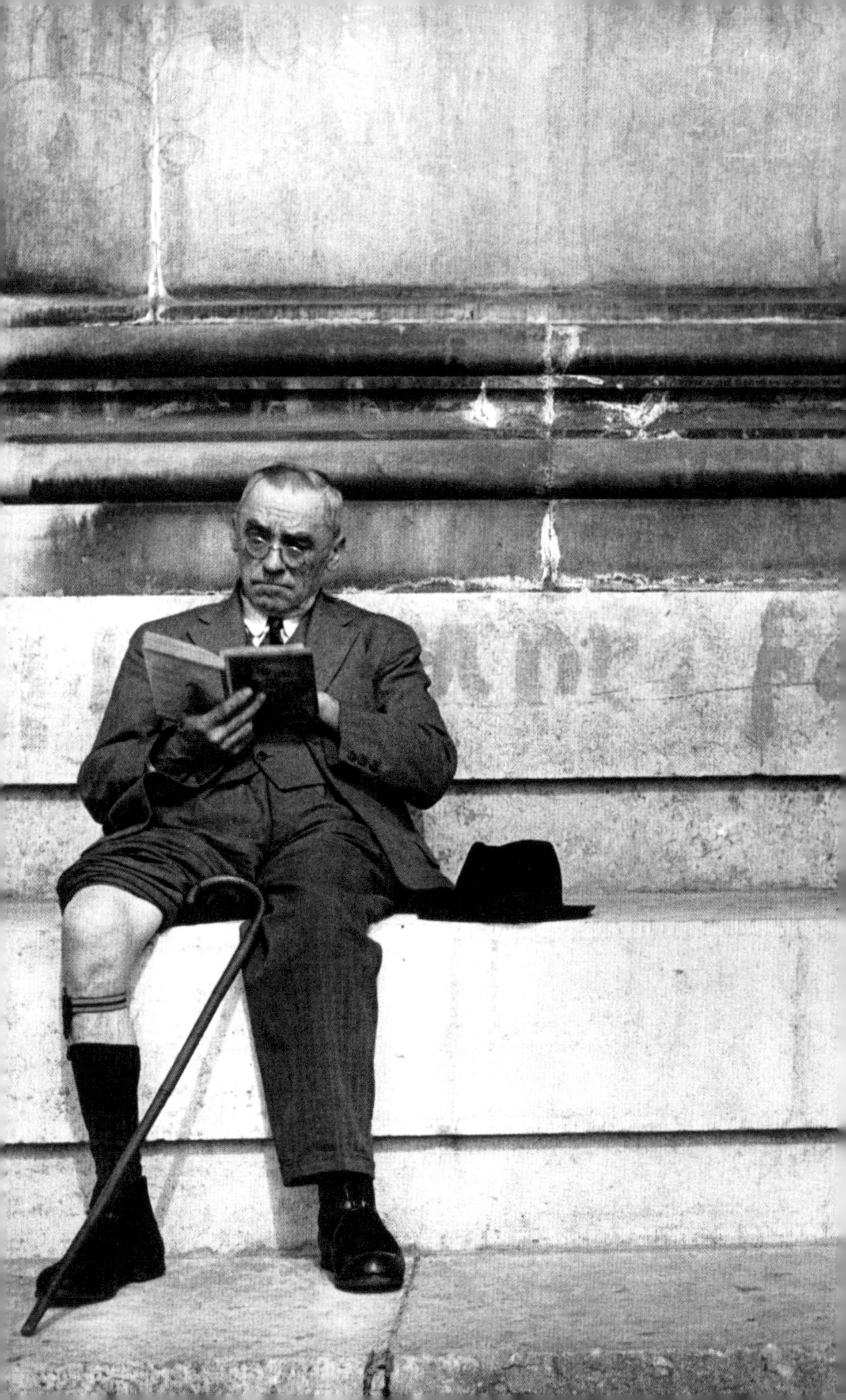

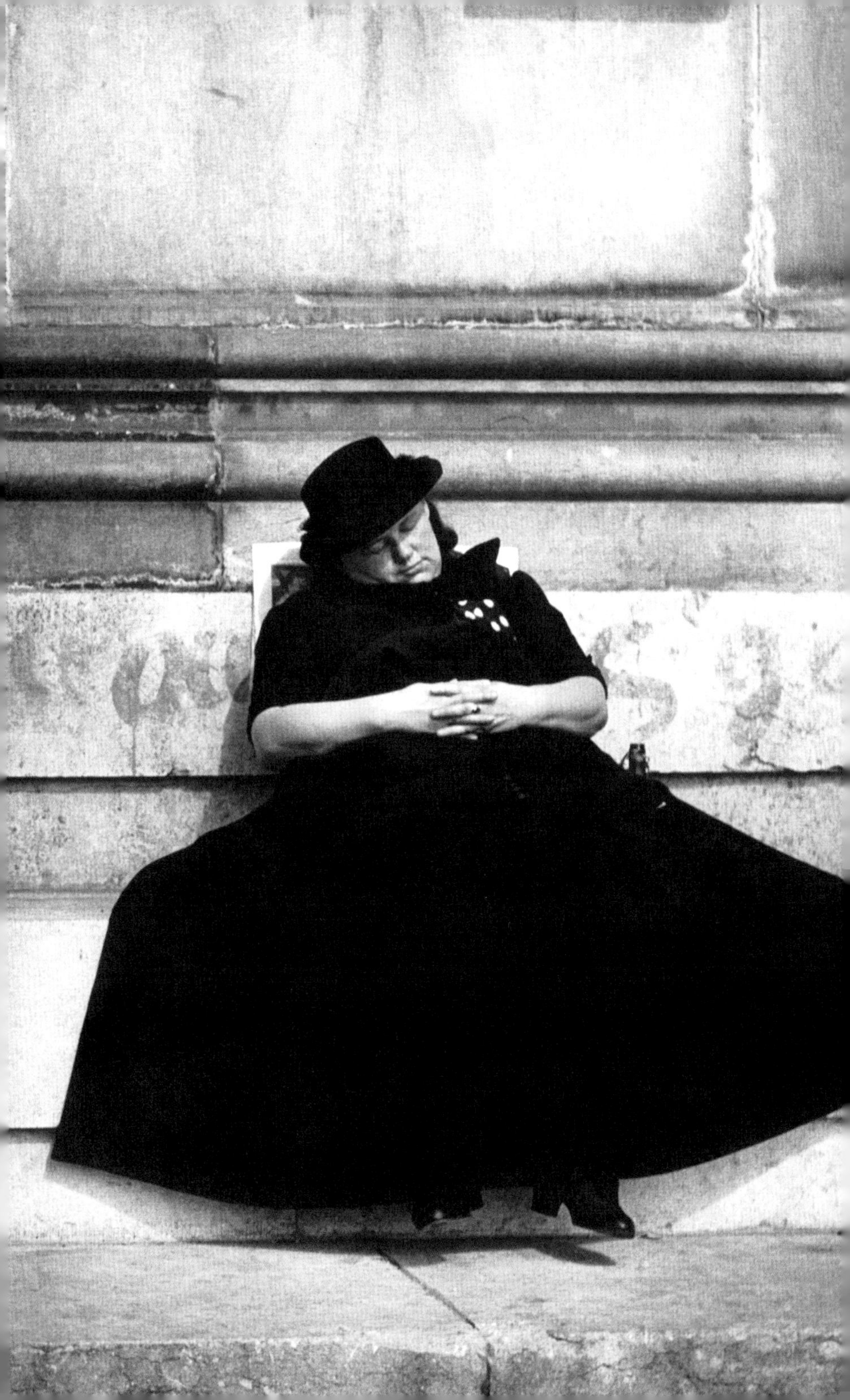

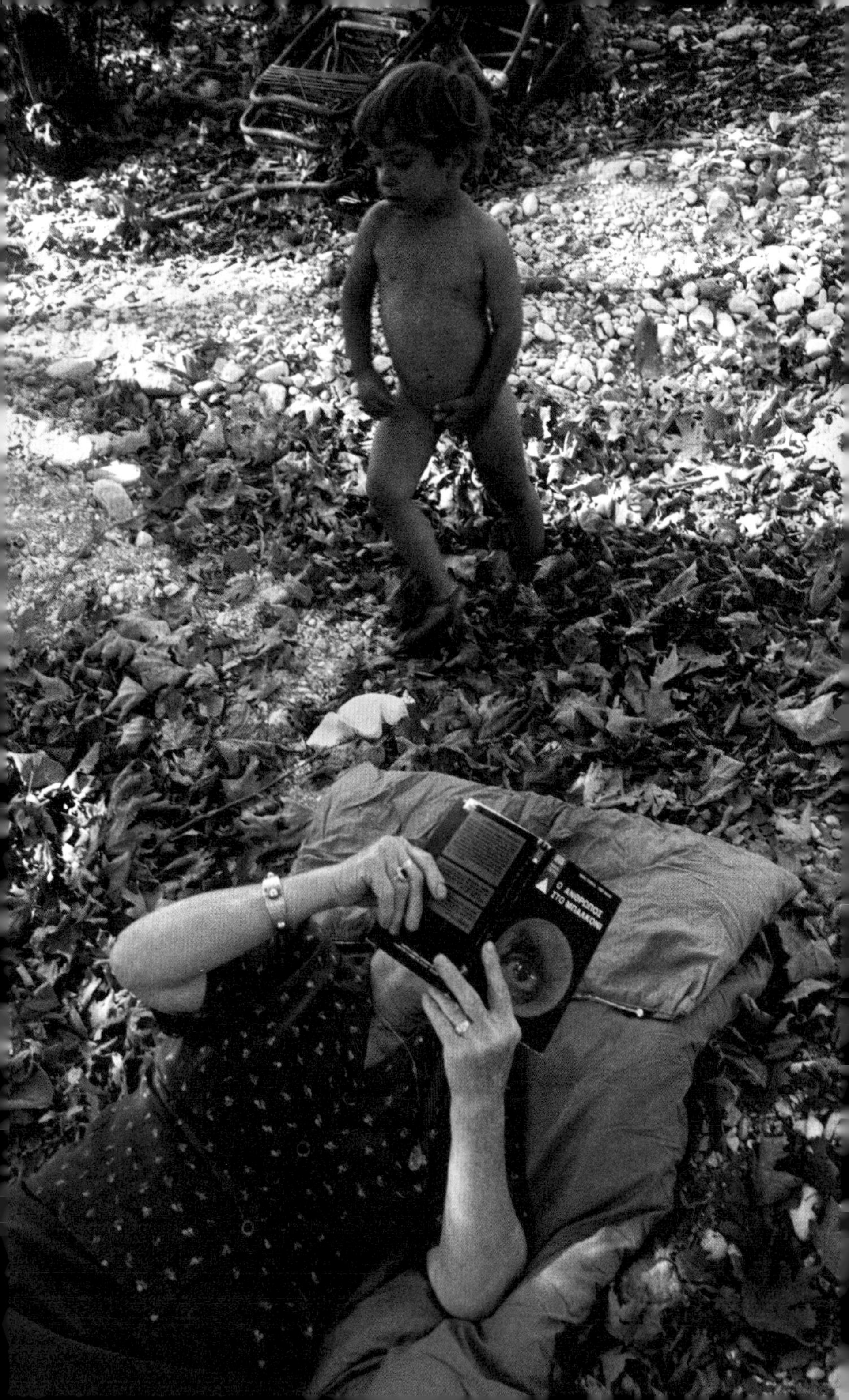

einen aufregt, hat seine Zeit. Damals war ich in dem Alter, in dem man die Welt entdeckt und Hoffnungen hat, dass alles gut ausgehen kann. Ich glaubte, dass Bosheit bestraft würde und die Guten gewännen. Upton Sinclairs Buch spielt in Chicago, in den Schlachthöfen. Von den grossen politischen Konsequenzen, die sein Buch nach sich gezogen hatte, wusste ich damals noch nichts, ich las nur die Geschichte der Einwandererfamilie, für die man sich so ein bisschen Glück wünschte. Ich war mit ihnen im Schlachthaus, kaufte mit ihnen ein kleines schlechtes Haus, wurde betrogen, missbraucht, und immer wenn ich dachte, dass es nicht noch schlimmer werden könnte, wurde es das. Ich lernte durch Sinclair das erste Mal, dass es keinen Anspruch an das Leben gibt, keinen Vertrag, der eingehalten werden würde, ich lernte, dass Hoffnung ein unsinniges Gefühl ist. Das, was ich aus dem Buch mitnahm, war nicht die Erkenntnis, dass der Kapitalismus der Feind ist, sondern der Mensch, dessen folgerichtige Entsprechung er ist. Ich glaube nicht, dass Upton Sinclairs Buch Grund für meinen anschliessenden lebenslangen Pessimismus war, da ist bestimmt genetisch was falsch gelaufen, doch bis heute erwarte ich nichts Gutes von keinem. Und falls einmal ein Wunder passiert, dann nicht, weil es Menschen gibt, sondern trotzdem.

Programmleiter des Zürcher Jazzclubs Moods

Reto Bühler

Cormac McCarthy: **Die Strasse**

Selten zuvor war ich nach der Lektüre eines Buches dermassen geschafft. *Die Strasse* ist ein augenscheinlich eher dünnes Buch von etwa 250 Seiten. Von aussen lässt sich nicht erkennen, was für ein Monster sich zwischen den beiden Buchdeckeln verbirgt. Hat man es aber erst einmal geöffnet, dieses Büchlein, und liest die ersten Zeilen, gibt es kein Zurück mehr. Der Sog dieser unheimlich poetischen, simplen Sprache zieht einen unweigerlich in die schwarzen Tiefen dieses unfassbaren Werkes. Die Geschichte ist rasch und in einem Satz erzählt: In einer post-apokalyptischen Welt zieht ein Vater mit seinem jungen Sohn eine Strasse entlang, durch eine zerstörte Landschaft, schwarz, voller Aschenregen, hässlich und leblos, immer gegen Süden in der wagen Hoffnung, dem Schrecken des Kataklysmus zu entkommen. Aber ein Entkommen ist undenkbar. Die Stringenz der Erzählung, der beinahe nebensächliche Tonfall, in dem die Geschehnisse geschildert werden, die Sprache, aus der jedes überflüssige Wort mit harter Hand herausgemeisselt wurde, die tiefe, traurige Sympathie, die man den beiden Protagonisten entgegenbringt: dies alles hat Cormac McCarthy zu Recht 2006 den PULITZERPREIS eingebracht. *Die Strasse* ist ein Meisterwerk der modernen Literatur und trotz seines düsteren, hoffnungslosen Inhalts etwas vom Schönsten, was ich jemals gelesen habe.

Bühnen- und Filmschauspielerin

Mona Petri

Blaise Cendrars: **Die Prosa von der Transsibirischen Eisenbahn**

Seit meiner Kindheit leide ich an Schlaflosigkeit. Bisweilen verzweifelte ich darüber und weinte nur noch vor unerlöster Erschöpfung. Irgendwann beschloss ich, dass ich Gefallen an den durchwachten Nächten finde: und lese. *La Prose du Transsibérien* kam über meinen Vater zu mir.

Blaise Cendrars, der einarmige Dichter. Blaise wie braise, Feuersglut, Cendrars wie cendre, Asche. Ich war 15, schlaflos und auch sonst ziemlich verzweifelt darüber, dass ich eine Frau werden sollte. Eines Nachts nahm ich eine Sammlung mit Gedichten unter den Arm und spazierte damit durch die Stadt. Als es zu regnen begann, kletterte ich auf der Polyterrasse in eine der grossen Fensternischen und öffnete dort, geschützt vom Regen und mit Blick über die ganze Stadt, das Buch.

«En ce temps-là j'étais en mon adolescence
J'avais à peine seize ans et je ne me souvenais
Déjà plus de mon enfance
J'étais à 16 000 lieues du lieu de ma naissance
J'étais a Moscou, dans la ville de mille et trois clochers et des sept gares
Et je n'avais pas assez des sept gares et des mille et trois tours ...»

Das Gedicht eines jungen Abenteurers, der mitten ins Leben reinbeisst, gegen den Himmel spuckt und in den Wind pisst. Ein poetisches Gebrüll, eine Erlösung. Ich las und wusste: Da will ich rein, in dieses Gedicht, in dieses Lebensgefühl. Da gehöre ich hin. Ich werde keine Frau, ich werde Abenteurerin. Ich bastle nicht an einem Lebenslauf, nein, ich lebe ein gebrülltes Gedicht. Und so packte ich meinen Koffer und reiste nach Moskau.

Man möchte auch Gast sein auf Gatsbys Empfängen, man möchte auch diese luftigen Kleider tragen, denn Fitzgeralds Beschreibungen verführen einem die Sinne wie ein gutes Parfum. Gleichzeitig legt er einen doppelten Boden unter den frisch geschnittenen Rasen der Reichen und Schönen, welcher schäbig vor sich hin modert und einen Abgrund der menschlichen Existenz aufreisst.

Musikdirektor des San Francisco Symphony Orchestra,
Dirigent und Komponist

Michael Tilson Thomas

Walt Whitman: **Grasblätter**

Ich lese viele Romane gleichzeitig, jetzt gerade wieder mal den *Doktor Faustus* von Thomas Mann, ein schwieriges Buch, selbst wenn man Musiker ist. Ein Buch, das mir immer wieder ein ungeheures Glücksgefühl verleiht, ist der Gedichtband *Leaves of Grass* (Grasblätter) von Walt Whitman, Mitte des vorletzten Jahrhunderts geschrieben. Es ist ein zentrales Werk für das Verständnis von Amerika; wir haben zwar Megastädte gebaut – aber mit den Weiten der Prärie im Kopf. In seinen freien Rhythmen geht es um alles, um Ideen aus Kultur, Politik, Gesellschaft, Wissenschaft und Mystik. Ich kann Whitman überall lesen und bin sofort ergriffen, etwa bei diesen Zeilen:

«*Ich hab noch in dem Sinn, wie wir einst an einem solchen durchsichtigen Sommermorgen lagen,*
Wie du deinen Kopf schräg auf meine Hüfte legtest und dich
Sanft auf mir drehtest
Und das Hemd von meinem Brustbein zur Seite schobst und
Deine Zunge in mein entblösstes Herz tauchtest»

Whitman ist ein wirklich vollendeter Künstler, grössenwahnsinnig vielleicht, er war überzeugt, dass die *Grasblätter* die Bibel ersetzen könnten. Ich habe das Buch im College zum ersten Mal gelesen, die Professoren ahnten, welche Explosionen diese Verse in den Köpfen der Studenten bewirken. Also wurde er praktisch übergangen. Die Tatsache, dass ein Mensch

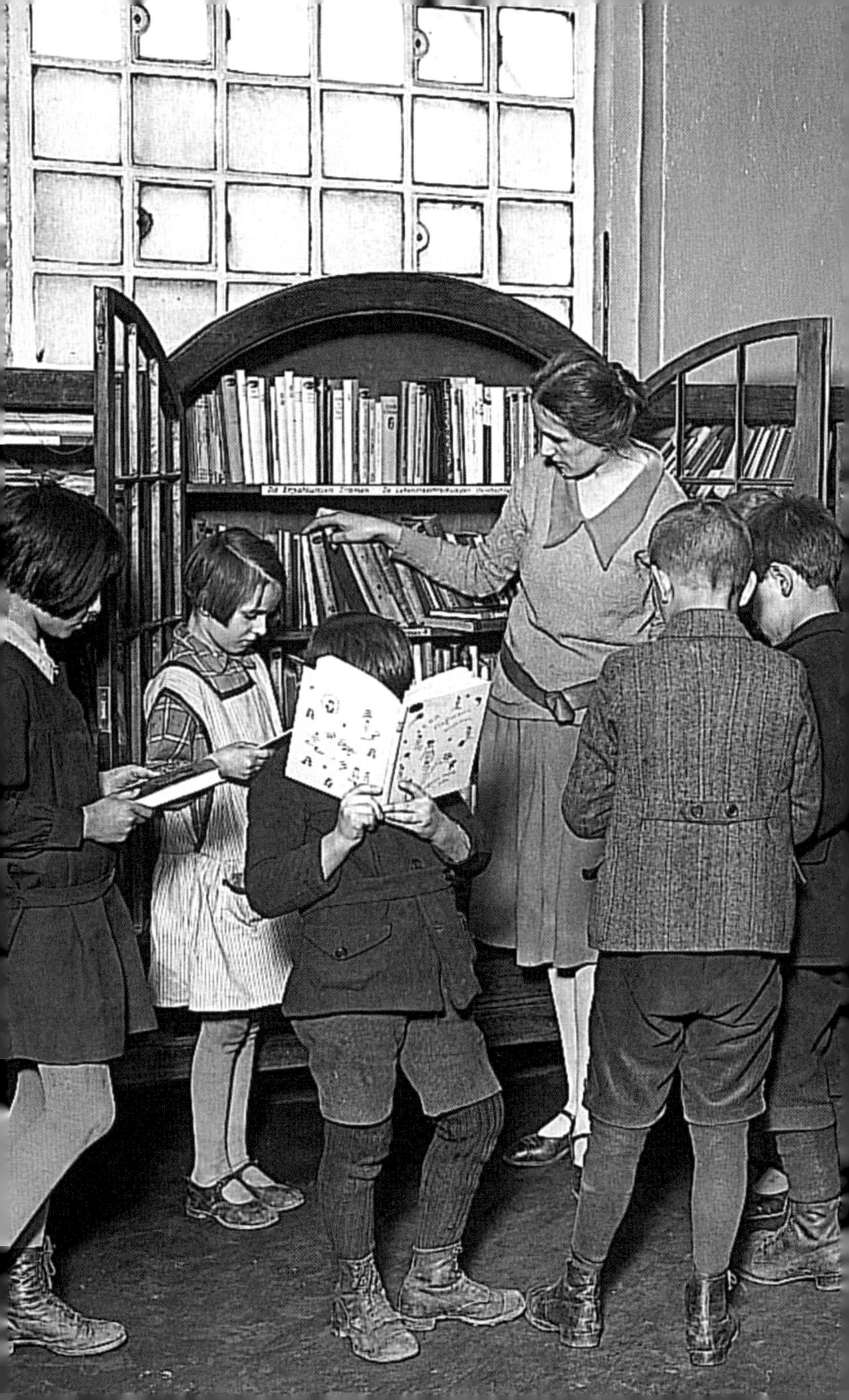

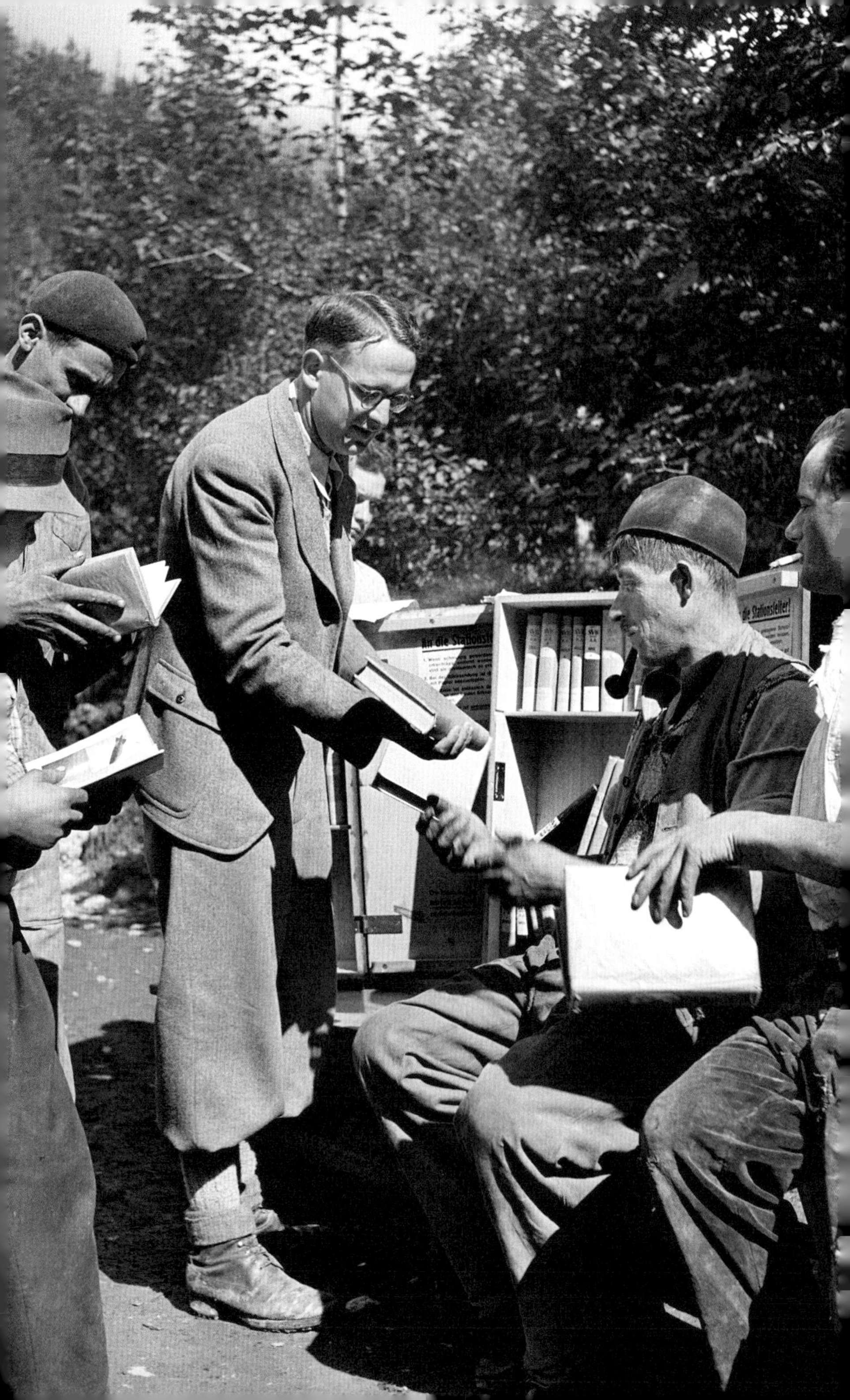

überhaupt so sensibel sein kann, hat ja auch etwas Beängstigendes. Immer das ganze Leben zugleich fühlen – man stelle sich das mal vor.

Gerichtspsychiater

Frank Urbaniok

Alexander Solschenizyn: **Der Archipel Gulag**

Nein, das Buch meines Lebens gibt es nicht. Aber es gibt Werke, die mich fasziniert, vielleicht sogar ein wenig geprägt haben. Eines davon: Solschenizyns *Archipel Gulag*. Ich war 19 oder 20, hatte mich schon viel mit Geschichte beschäftigt. Die ist natürlich vollgestopft mit Willkür, Brutalität, Skrupellosigkeit und Fanatismus.

Der Gulag traf mich trotzdem in besonderer Weise. Da war diese nüchtern, emotionslos dokumentierende und deshalb so entlarvende Sprache. Vor allem aber fühlte ich mich selbst ertappt. Als Arbeiterkind mit 16 in die SPD eingetreten, Stipendiat der EBERT-STIFTUNG, Kind des Ost-West-Konflikts kannte ich das Milieu der selbst ernannten Intellektuellen. Die, die auf der richtigen, der progressiven Seite standen. Den Westen und die eigene Geschichte hart zu kritisieren war Mainstream. Wer den Osten ebenso aufs Korn nahm, galt als Hardliner oder schlimmer noch als Kriegstreiber. Weil es das eigene Weltbild störte, weil es unbequem war, hatte man Jahrzehnte über die Millionen Opfer des Gulag hinweggesehen, sie zum Teil relativiert oder gar gerechtfertigt.

Parteien und ihre verordneten Meinungen waren mir schon immer verdächtig. Und trotzdem: Hatte ich nicht auch aus Unkenntnis und Bequemlichkeit die Gräueltaten in der

UDSSR zu lange bereitwillig vernachlässigt? Der Gulag hat mir etwas unwiderruflich vor Augen geführt. Die richtige Seite ist nicht links, nicht rechts oder irgendwo dazwischen. Die richtige ist die Seite der Mutigen und derjenigen, die es sich nicht bequem oder ideologisch einfach machen. Und es ist immer die Seite der Opfer und nicht der Täter.

Schriftsteller und Historiker

Martin Walker

Robert A. Heinlein: **Revolte auf Luna**

Dieser Science-Fiction-Roman von 1966 zwang mich zu überdenken, was ich als junger Mann über Politik und Wirtschaft zu wissen glaubte. Eine menschliche Kolonie auf dem Mond hat eine auf Hydrokulturen basierende Landwirtschaft entwickelt und wird zum Hauptlieferanten von Getreide für eine übervölkerte und hungrige Erde. Durch immer höhere Steuern und Forderungen wird die Kolonie schiesslich in die Revolte getrieben. Diese Haupthandlung ist zwar unterhaltsam, doch viel wichtiger ist die überzeugende Darstellung einer kapitalistischen Wirtschaft und Gesellschaft mit völlig freiem Markt. Es werden keine Richter ernannt, stattdessen können sie von streitenden Parteien angeheuert werden. Es gibt keine Sozialhilfe, vielmehr ein System erweiterter familiärer Verantwortung, das auf matriarchaler Polygamie basiert. Gute Manieren und öffentliche Sicherheit werden aufrechterhalten, indem alle Bürger eine Waffe tragen dürfen.

Als Loblied auf den «American Way» bietet Heinleins Roman einen faszinierenden Einblick in den amerikanischen Konservatismus. Ich las das Buch als Student in den USA während der Siebzigerjahre und begann erstmals kritisch über die sozialdemokratische Politik und die keynesianische Wirtschaft nachzudenken, mit denen ich in Britannien aufgewachsen war. Ich fand diesen Prozess des Hinterfragens so berauschend wie die Tatsache, eine Gesellschaft zu entdecken, die gesellschaftlich liberal und innovativ, zugleich aber finanzpolitisch konservativ ist. Heinleins Buch schockierte mich durch die bequeme politische Selbstgefälligkeit und brachte mich zum Nachdenken.

Literaturkritikerin und Autorin

Elke Heidenreich

Hugh Lofting: **Doktor Dolittle und seine Tiere**

Mein Leseleben begann mit einem kleinen dicken Doktor, der auch bei grösster Hitze im Urwald Frack und Zylinder trug. Er war Tierarzt, stammte aus Puddleby in England und konnte alle Tiersprachen. So war ihm auch rasch klar, dass der Ackergaul deshalb immer Kopfschmerzen hatte, weil er ständig in die Sonne gucken musste. Eine grüne Sonnenbrille schaffte Abhilfe.

Doktor Dolittle, so hiess der Mann, war gütig und geduldig, hielt sich eine Ente als Haushälterin und machte sich nichts aus Geld: «Es würde uns allen viel besser gehen, wenn man es nie erfunden hätte», sagte er. Er war meine erste grosse Liebe und lehrte mich, dass man mit Tieren sprechen kann und dass man versteht, was sie uns sagen wollen. Man muss nur zuhören.

Hugh Lofting hat den kleinen Doktor und seine Abenteuer erfunden, in Briefen an seine Kinder von den Schlachtfeldern des Ersten Weltkriegs, wo ihn das Elend der sterbenden Pferde so erbarmte wie das der Menschen. Das Buch pflanzte eine lebenslange Tierliebe in mein Herz, und ich wünschte, ich hätte auch etwas von Dr. Dolittles Gelassenheit – wo ich schon ausraste, sagt er in aller Ruhe: «Man soll den Fuss erst dann zum Klettern heben, wenn man am Zaun ist.» Dr. Dolittle half mir gegen meine Mutter, die der Ansicht war, man könne nicht gleichzeitig essen und reden. Das Stossmich-Ziehdich, ein seltenes Tier mit zwei Köpfen, das er entdeckt hatte, frass hinten und redete vorne. Geht doch!, sagte ich zu meiner Mutter und wünschte mir auch eine umsichtige Ente als Haushälterin. Sie antwortete: «Sonst noch was!» Dr. Dolittle hätte so etwas nie gesagt. Dafür liebe ich ihn bis heute.

Regisseur und Musiker

Schorsch Kamerun

Oskar Maria Graf: **Wir sind Gefangene**

Hiermit empfehle ich in vollem Bewusstsein meiner Verantwortung das Buch *Das erschöpfte Selbst* von Alain Ehrenberg, erschienen im CAMPUS VERLAG. Es ist mit dem Satz «Depression und Gesellschaft in der Gegenwart» untertitelt. Der französische Soziologe Ehrenberg hat mit seiner Untersuchung in seinem Heimatland damit einen Bestseller gelandet und erschliesst sich auch hierzulande zunehmend einen grösseren Interessiertenkreis innerhalb der Heerscharen von Gehetzten. Das Buch beschreibt den Druck der Ansprüche in der durchindividualisierten Gesellschaft. Viele scheitern daran und reagieren mit innerer Leere und Haltosigkeit. Es ist von der Last der Möglichkeiten die Rede, die mit dem Unbeherrschbaren zusammenstösst. Der Autor versteht es wunderbar, im Jetzt zu lesen, und beschreibt mehrfach sehr einleuchtend die unbedingte Notwendigkeit, eine Analyse der

Depression mit der veränderten Lockerstellung des Individuums in der jüngsten Geschichte der westlichen Welt in unbedingten Zusammenhang zu stellen. Denn: Nie zuvor stand der Mensch hier, zwar vordergründig frei, aber deshalb auch so ungeschützt gefangen, im Gesellschaftsprozess (die Krankheit der Freiheit). Das unzulängliche Individuum hat Angst, es selbst zu werden. Es ist psychisch bedient. *Das erschöpfte Selbst* von Alain Ehrenberg könnte all denen weiterhelfen, welche die Idee nicht abwegig finden, dass der Zustand der Welt allein schon genügen könnte, um schwer genervt zu sein. Und sei es, weil der alte Holzmichel noch am Leben ist.

Da dieses Buch leider vergriffen ist, hier meine zweite Empfehlung. Liebe Leute, kauft: *Wir sind Gefangene* von Oskar Maria Graf!! Das Bekenntnis für alle denen, bald wieder der Kragen platzen wird, oder wie es dem jungen Oskar erging, als ihm «das Blut brach». Mich hat das stark beeindruckt.

Theaterregisseurin

Laura Koerfer

F. Scott Fitzgerald: **Der grosse Gatsby**

Wenn es möglich wäre, würde ich dieses Buch heiraten. Es sind erstmals einzelne Sätze, welche einem wie kleine Feuerwerke aus den Buchseiten entgegenfliegen und ich habe mir überlegt, wo ich mir diesen Satz, an welches Körperteil ich mir jene Formulierung hintätowieren lassen könnte. Zum Glück und gerade in Anbetracht der Eleganz, in welche sich die Figuren in *Der grosse Gatsby* hüllen, erscheint eine Tätowierung hirnrissig und beschreibt nur das unbedingte Bedürfnis, ein Erlebnis, wie diesem Buch zu begegnen, für immer festzuhalten.

F. Scott Fitzgerald schrieb den Roman 1924 in Südfrankreich, während seine Frau Zelda Scott gerade ein Verhältnis mit einem Franzosen eingegangen ist.

Das daraus hervorgegangene Werk beschreibt die Geschichte des Jay Gatsby, welcher sich mittellos in eine reiche Dame verliebt und fortan damit beschäftigt ist, Geld und Luxus anzuhäufen, um irgendwann die bereits verheiratete Daisy in seinem Märchenschloss willkommen zu heissen. Während dessen gibt er Partys im grossen Stil. «Und ich mag grosse Partys. Sie sind so intim. Auf kleinen Partys ist man nie unter sich», wie eine Lady im Roman bemerkt.

Hollywood und New Yorks ganze Intelligentsia verkehren in seinem Landhaus, trinken seine Drinks, nur zu Gatsbys Beerdigung kommt keiner.

Ärztlicher Direktor Kinderspital Zürich

Felix H. Sennhauser

Margot Morrell, Stephanie Capparell: **Shackletons Führungskunst**

Die Lektüre *Shackletons Führungskunst* von Margot Morrell und Stephanie Capparell hat mich nachhaltig fasziniert. Es ist die Biografie eines britischen Polarforschers, der mit seinem 27-köpfigen Team nach dem Untergang ihrer «Endurance» in der Antarktis zwei Jahre ums Überleben kämpfte. Die gesamte Mannschaft kehrte schliesslich gesund nach England zurück – dank den Führungsqualitäten und Bewältigungsstrategien Shackletons. Im Schicksal bewährt sich die Rekrutierung optimistischer Menschen mit klaren Visionen. Die strukturierte Alltagsgestaltung bedeutet Orientierung und Sicherheit besonders in belastenden Situationen. Empathie für persönliche Bedürfnisse und informelles Zusammensein fördern gegenseitiges Vertrauen, Kameradschaftsgeist und Loyalität. Individuelle Nutzung von Talenten und Förderung spezifischen Potenzials ermöglichen die Erfüllung schwieriger Aufgaben im Team und durch Einzelpersonen. Unkonventionelle Inspirationen und mutige Zuversicht beflügeln in vermeintlich ausweglosen Situationen. Ein Sensorium für aufkeimende Konflikte ermöglicht frühzeitige Intervention mit Einzel- und Gruppengesprächen. Shackletons Bereitschaft zur Führungsübernahme in kritischen Situationen und seine Vorbildfunktion wirkten ansteckend und beflügelten die Mannschaft – «In dir muss brennen, was du in anderen entzünden willst!» Schicksal als Chance für Bewährung und Entwicklung – ein empfehlenswertes Buch besonders auch für Führungskräfte mit sozialer Verantwortung für Mitmenschen und Mitarbeitende.

Immunologe an der Universität Bern

Beda M. Stadler

Patrick Süskind: **Das Parfum – Die Geschichte eines Mörders**

Natürlich habe ich immer «geschmeckt», etwa den Duft alter Frauen nach Campher und Lavendel. Dass uns im Dialekt das Wort für «riechen» fehlt, wurde mir allerdings erst nach der Lektüre von Patrick Süskinds Roman *Das Parfüm – Die Geschichte eines Mörders* bewusst. In diesem schaurig schönen Roman realisiert Grenouille, so hässlich und unansehnlich wie ein Frosch, dass er keinen Eigengeruch hat, somit kann ihn niemand «schmecken». Sein ausgeprägter Geruchsinn treibt ihn durch die Welt und in den Wahn.

Ich las das Buch 1986 kurz nach der Erscheinung und im Wunsch, von allen geliebt zu werden. Ich litt unter einem Gendefekt, nicht riechen zu können, ob jemand Knoblauch verzehrt hat. Das verunsicherte, schliesslich liebte ich Knoblauch und wusste nie, ob ich nach Knoblauch stinke. Obwohl nur ein fiktiver Grenouille, entdeckte ich dank diesem Buch meinen Geruchssinn. Wie der Buchheld schlich ich durch die Strassen und jagte nach Düften. Damals trugen Frauen POISON, ein Parfüm, das nach Waldbeeren und Moschus roch. Dieser Betörung folgend fand ich mich oft in der Parfümabteilung von Einkaufszentren wieder, fast so deplaziert wie auf der Damentoilette. Grenouille will das perfekte Parfum kreieren und geht dafür über Leichen. Bei mir ist hingegen mehr Leben entstanden. Ich rieche seither bewusster, hemmungsloser, etwa die Kopfhaut eines Babys. *Das Parfüm* hat mich so verändert, dass ich mich standhaft weigere, den Film zu betrachten. Den Preis für die Veränderung zahle ich allerdings ungern: Parfüms sind zu teuer. Ich bin aber ehrlicher geworden, weil ich gewisse Leute wirklich nicht riechen kann.

Verleger

Gerhard Steidl

Walter Benjamin: **Das Kunstwerk im Zeitalter seiner technischen Reproduzierbarkeit**

Ein Essay, der so gedankenreich ist wie ein ganzes Buch, hat meine Arbeit als Verleger und Drucker massgeblich beeinflusst: *Das Kunstwerk im Zeitalter seiner technischen Reproduzierbarkeit* von Walter Benjamin. Mein Geschäft ist es, Kunst zu reproduzieren, und sosehr mir durch Benjamin bewusst wurde, wie sich unsere Vorstellungen von der «Aura» einer künstlerischen Arbeit in der Moderne verschoben haben, so sehr halte ich mit Benjamin im Kopf an der Idee fest, dass auch massenhaft reproduzierte Kunst auratisch sein kann.

Das perfekte Beispiel dafür ist das erstklassig produzierte Fotobuch, denn es ist ja mehr als eine Ansammlung von Bildern, nämlich selbst eine Schöpfung des Künstlers, also ein eigenes Kunstwerk. Das Fotobuch, so verstanden, hat die Kunst demokratisiert, da es für jedermann erschwinglich ist, und das reizt mich weit mehr an der Kunst als das anzubetende «Original» an der Wand eines Museums oder in der Hand eines Sammlers. Ohne Walter Benjamin wüsste ich nicht so genau, was mich bei meiner Arbeit antreibt.

Reporter und Autor

Daniel Ryser

Philip K. Dick: **Blade Runner**

Es regnet ununterbrochen. Draussen steht die Welt neonblinkend am Abgrund, drinnen jagen Sondereinheiten der Polizei künstliche Wesen, die versuchen, die Menschheit zu unterwandern. Polizist Rick Deckard ist der erfahrenste und beste dieser Jäger, dieser Blade Runner, doch bei diesem Auftrag ist nichts wie zuvor: Was ist Wirklichkeit? Was Illusion? Das Buch *Do Androids Dream of Electric Sheep?* erschien 1968, und Philip K. Dick war womöglich auf LSD, als er daran arbeitete. Es ist keine klassische Science Fiction, es ist, wie das ganze Werk von Dick, ein eindringlicher Warnblinker, dass wir uns in Zeiten von IRIS-SCAN, GPS, BIOMETRIE, CCTV, und so weiter, einer Überwachung ausliefern, die uns entmündigt. Dick hat das alles schon in den Sechzigern beschrieben, der Technik weit voraus. *Do Androids Dream of Electric Sheep?*, später als *Blade Runner* verfilmt, liest sich wie ein Trip, ein Thriller, in dem ein einzelner Polizist für ein gnadenloses System kämpft, das ihn selbst auffrisst. Eine apokalyptisch-melancholische Parabel auf den Niedergang der Zivilisationen, die unschuldig verstörend mit einer Meldung der Nachrichtenagentur REUTERS von 1966 beginnt, dass nämlich gestern die Schildkröte starb, «die der Entdecker Captain Cook im Jahre 1777 dem König von Tonga zum Geschenk gemacht hatte. Sie war fast 200 Jahre alt.» Und kurz darauf folgt dann der legendäre Empathietest, der als Menschen getarnte Androiden entlarven soll, und zwar mit der Schildkröten-Frage: «Sie spazieren in einer Wüste. Es ist heiss. Sie treffen auf eine Schildkröte. Sie liegt auf dem Rücken, strampelt hilflos in der Sonne. Was würden Sie tun? Drehen Sie sie um? Lassen Sie sie liegen?» Ein faszinierendes Buch. Absolut fesselnd. Ein Tipp vor allem auch für Leser, die sich, wie ich selbst, ansonsten nicht für Science Fiction-Literatur interessieren. Ich rauchte zwei Packungen PALL MALL, und schon waren die 220 Seiten vorbei.

Film- und Theaterschauspielerin

Helene Grass

Uwe Johnson: **Jahrestage**

Ein Buch fürs Leben: Ganz klar, Uwe Johnsons *Jahrestage* – schon allein deswegen ein Buch für mein Leben, weil ich es immer noch nicht zu Ende gelesen habe. Das, könnte man meinen, spricht nicht wirklich für ein Buch, aber ich zögere einfach nur das Ende heraus. Die *Jahrestage* begleiten mich schon so lange. Angefangen habe ich mit sechzehn, und ich bin inzwischen immerhin im vierten, letzten Band. Der Gedanke, irgendwann einmal damit fertig zu sein, das Buch also hinter mir lassen zu müssen, ist geradezu erschreckend.

Dabei wäre es nur noch ein kleiner Schritt, wären es nur noch ein paar Monate des Jahres, das man, angefangen am 20. 8. 1967, mit Gesine Cresspahl und ihrer Tochter Marie in New York verbringt. Ein aufregendes Jahr, wie Gesine und ich täglich in der NEW YORK TIMES lesen können. Zugleich erzählt Gesine Marie die Geschichte der Familie in Mecklenburg bis zur eigenen Übersiedlung nach Amerika. Eine doppelte Zeitreise.

Damit bin ich bei meiner grössten Lust am Lesen. Ich erfülle mir meinen Traum, in der Zeit zu reisen. Was übrigens auch der Grund war, Schauspielerin zu werden – eine andere Möglichkeit, mal in einer anderen Zeit zu leben, ist mir nicht eingefallen. Jetzt würde ich gern von Klaus Kordon erzählen, dem Kinderbuchautor, der mit seinen *Roten Matrosen* mein Interesse für Geschichte geweckt hat. Oder von Lion Feuchtwanger, der einen mit Leichtigkeit in ganz unterschiedliche Epochen mitnimmt. Aber vielleicht sollte ich lieber genau jetzt die *Jahrestage* zu Ende lesen. Und dann suche ich mir ein neues Buch fürs Leben.

Schriftsteller

Christoph Simon

Nicolas Bouvier: **Lob der Reiselust**

«Es gibt Schriftsteller, die brauchen Geographien, und andere brauchen Konzentration: Reisende und Seher also. Ich gehöre zur Familie Ersterer.» Wenige Jahre vor seinem Tod schildert

Nicolas Bouvier in *Lob der Reiselust* Begegnungen von unterwegs und lässt uns teilhaben an seiner lebenslangen «Ungeduld, die Welt zu erfahren».

Mit dem Segen seines Beamtenvaters, der nicht so viel gereist ist, wie er es sich gewünscht hat, und der zu seinem Sohn sagt: «Schau dich um, und schreib mir», zieht Bouvier los; auf der Jagd nach dem Leben, von dem er kiloweise haben will, obschon er ahnt, dass er «in dieser trügerischen Welt nur ein paar Gramm bekommen» wird. Nach der Rückkehr von seiner legendären Reise nach Afghanistan 1953/54 wird ihm klar, dass er all diesen Orient nicht in seinem Kopf speichern kann, «sonst würde er platzen wie ein überreifer Kürbis». Also beginnt Bouvier zu erzählen. Von Fernweh und Unrast. Von diesem Planeten, der weit überraschender, erstaunlicher, grausamer, bunter, grosszügiger sei als der «naive kolorierte Bilderbogen», den er sich von ihm gemacht habe.

In dreizehn wundervollen Texten würdigt Bouvier die «Verlockung des Anderswo». Er zahlt Schulden zurück an orientalische Geschichtenerzähler und an Gobineau, der ihm «das grosse Kolonialwarengeschäft der Adjektive geöffnet» habe. Er bricht eine Lanze für Sprichwörter, die, im richtigen Moment platziert, signalisierten, dass man die Komik oder den Ernst der Situation erfasst habe. Im Okzident komme ein Unglück selten allein, im Orient sei es «ein Wespenstich in einem weinenden Gesicht». Er muss ein schrecklich sympathischer Tourist gewesen sein, dieser Nicolas Bouvier.

ALLE EMPFOHLENEN BÜCHER
SOWIE DIE JÜNGSTE PUBLIKATION DER AUTOREN

11 — **Tiere essen** Jonathan Safran Foer (KIEPENHEUER & WITSCH, 2010)
Charlotte Roche, *Schossgebete* (PIPER, 2011)
12 — **Lord Jim** Joseph Conrad (DIOGENES, 1973)
13 — **Serafin und seine Wundermaschine** Philippe Fix (DIOGENES, 1969)
Peter Stamm, *Seerücken* (FISCHER, 2009)
14 — **Auf der Suche nach der verlorenen Zeit** Marcel Proust (SUHRKAMP, 2004)
15 — **Grünschnabel** Monica Cantieni (SCHÖFFLING, 2011)
Melinda Nadj Abonji, *Tauben fliegen auf* (JUNG UND JUNG, 2010)
16 — **Sang-e Sabour** Sadeq Chubak
Asghar Farhadi, sein Spielfilm *A Separation* wurde an der Berlinale 2011 mit dem Goldenen und zwei Silbernen Bären ausgezeichnet.
17 — **Leonardo da Vinci – eine Biographie**
17 — **Drei Geschichten** Gustave Flaubert (DIOGENES, 1978)
Peter von Matt, *Wörterleuchten* (HANSER, 2009)
18 — **Cecil Beaton. Photographien 1920–1970** Philippe Garner und David Alan Mellor (SCHIRMER/MOSEL 1994 – vergriffen)
21 — **Überflieger** Malcolm Gladwell (CAMPUS, 2009)
22 — **Die schönsten Gedichte der Schweiz** Gottfried Keller u.a. (NAGEL+KIMCHE, 2002)
Remo H. Largo, *Lernen geht anders* (EDITION KÖRBER-STIFTUNG, 2010)
25 — **Rückenwind** Max Urlacher (KNAUR, 2010)
Franka Potente, *Zehn* (PIPER, 2010)
26 — **Grosse Erwartungen** Charles Dickens (RECLAM, 2010)
John Irving, *Letzte Nacht in Twisted River* (DIOGENES, 2010)
27 — **Der Idiot** Fjodor M. Dostojewski (ARTEMIS & WINKLER, 1996)
28 — **Als ich ein kleiner Junge war** Erich Kästner (DTV, 2003)
Ferdinand von Schirach, *Der Fall Collini* (PIPER, 2011)
28 — **Die Lust am Bösen** Eugen Sorg (NAGEL & KIMCHE, 2011)
33 — **Adressat unbekannt** Katherine Kressmann Taylor (ROWOHLT, 2002)
34 — **Kabale und Liebe** Friedrich Schiller (RECLAM, 2006)
Laura de Weck, *Lieblingsmenschen* (DIOGENES, 2007 – vergriffen)
35 — **Garp und wie er die Welt sah** John Irving (ROWOHLT, 1998)
36 — **Michelangelo** Irving Stone (HERBIG, 2010)
39 — **Der stille Amerikaner** Graham Greene (DTV, 2003)
41 — **Wolkenatlas** David Mitchell (ROWOHLT, 2007)
42 — **Die Ausgewanderten** Winfried G. Sebald (FISCHER, 2006)
Dorothee Elmiger, *Einladung an die Waghalsigen* (DUMONT, 2010)
43 — **Dichte Beschreibung** Clifford Geertz (SUHRKAMP, 2009)
Peter Pfrunder, *Schweizer Fotobücher 1927 bis heute* (LARS MÜLLER PUBLISHERS, 2011)
44 — **Die Welt entdecken** Isabelle Krieg (ECHTZEIT, 2011)
Tim Krohn, *Der Geist am Berg* (GALIANI, 2010)

45 — **Das weisse Buch** Rafael Horzon (SUHRKAMP, 2010)
Christian Kracht, *Ich werde hier sein im Sonnenschein und im Schatten* (KIEPENHEUER & WITSCH, 2008)
46 — **Fälle.** **Prosa – Szenen – Dialoge** Daniil Charms (FRIEDENAUER PRESSE, 2002)
Jürg Halter aka Kutti MC, *Nichts, das mich hält* (AMMANN, 2008 – vergriffen)
49 — **Bouvard und Pécuchet** Gustave Flaubert (INSEL, 2010)
Georg Brunold, *Nichts als die Welt* (GALIANI, 2009)
51 — **Der wiedergefundene Freund** Fred Uhlman (DIOGENES, 2004)
52 — **Illuminatus! – Die Trilogie** Robert Shea/Robert A. Wilson (ROWOHLT, 2006)
Gion Mathias Cavelty, *Die letztesten Dinge* (ECHTZEIT, 2010)
53 — **Versuch über die Liebe** Alain de Botton (FISCHER, 1997)
54 — **Das Buch der Unruhe** Fernando Pessoa (AMMANN, 2010)
55 — **Von Mäusen und Menschen** John Steinbeck (ZSOLNAY, 1993)
56 — **Die Wolfshaut** Hans Lebert (NEUER EUROPA VERLAG, 2008 – vergriffen)
Peer Teuwsen, *Das gute Gespräch* (ECHTZEIT, 2009)
64 — **Die Monkey Wrench Gang** Edward Abbey (WALDE+GRAF, 2010)
65 — **Ob die Granatbäume blühen** Gerhard Meier (SUHRKAMP, 2008)
66 — **Rosa** Thomas Harlan (ROWOHLT, 2011)
71 — **Alles andere als ein Held** Rudolf Lorenzen (VERBRECHER, 2007)
73 — **Anna Karenina** Lew Tolstoi (HANSER, 2009)
Johanna Adorján, *Eine exklusive Liebe* (LUCHTERHAND LITERATURVERLAG 2009)
74 — **Also sprach Zarathustra** Friedrich Nietzsche (ANACONDA, 2005)
J. Chessex, *Der Schädel des Marquis de Sade*, übersetzt von S. Zweifel (NAGEL & KIMCHE, 2011)
79 — **Der Mann, der Bäume pflanzte** Jean Giono (SANSSOUCI, 2007)
80 — **Der Traum des Jakob Hersch** und **Solomon Gursky war hier** Mordecai Richler (LIEBESKIND, 2009)
Max Küng, *Buch No. 2* (EDITION PATRICK FREY, 2008)
82 — **Gödel, Escher, Bach** Douglas Hofstadter (KLETT COTTA, 2006)
83 — **Mister Aufziehvogel** Haruki Murakami (DUMONT, 1998)
Sam Taylor-Wood, *Birth of a Clown* (STEIDL, Neuauflage 2012)
84 — **Der Dschungel** Upton Sinclair (ROWOHLT, 2003 – vergriffen)
Sibylle Berg, *Der Mann schläft* (DTV, 2011)
89 — **Die Strasse** Cormac McCarthy (ROWOHLT, 2007)
90 — **Die Prosa von der Transsibirischen Eisenbahn** Blaise Cendars (LENOS, 1998)
92 — **Grasblätter** Walt Whitman (HANSER, 2009)
95 — **Archipel Gulag** Alexander Solschenizyn (FISCHER, 2008)
Frank Urbaniok, *Was sind das für Menschen – was können wir tun* (ZYTGLOGGE, 2003)
96 — **Revolte auf Luna** Robert A. Heinlein (nur antiquarisch erhältlich)
Martin Walker, *Grand Cru* (DIOGENES, 2010)
97 — **Doktor Dolittle und seine Tiere** Hugh Lofting (DRESSLER, 2000)
Elke Heidenreich, *Passione* (HANSER, 2009)
98 — **Wir sind Gefangene** Oskar Maria Graf (ULLSTEIN, 2010)
Schorsch Kamerun, *Unten wird über Identitätsprobleme nachgedacht und oben brennt der Hut* (BERLINER TASCHENBUCHVERLAG, 2011)

99 — **Der grosse Gatsby** F. Scott Fitzgerald (DIOGENES, 2010)
100 — **Shackletons Führungskunst** M. Morrell, S. Capparell (RORORO, 2003)
101 — **Das Parfum – Die Geschichte eines Mörders** Patrick Süskind (DIOGENES, 2011)
102 — **Das Kunstwerk im Zeitalter seiner technischen Reproduzierbarkeit** Walter Benjamin (SUHRKAMP, 2006)
103 — **Blade Runner** Philip K. Dick (HEYNE, 2002) Daniel Ryser, *Feld-Wald-Wiese* (ECHTZEIT, 2010)
104 — **Jahrestage** Uwe Johnson (SUHRKAMP, 2008)
105 — **Lob der Reiselust** Nicolas Bouvier (LENOS, 2007) Christoph Simon, *Spaziergänger Zbinden* (BILGERVERLAG, 2010)

ALLE BILDER

Titel — Jean-Paul Belmondo. KEYSTONE
Rücktitel — Jean Arthur. Herbert Gehr/GETTY IMAGES
  19 — Boxer Lou Nova mit Lama. George Karger/GETTY IMAGES
  20 — Reifenhändler in Mailand. Ferdinando Scianna/MAGNUM PHOTOS
  23 — Jean-Pierre Léaud und Anne Wiazemsky, in: *La Chinoise,* 1967. KEYSTONE
  24 — Kate Winslet und David Kross, in: *The Reader,* 2008. KEYSTONE
  29 — Senta Berger, ca. 1967. KEYSTONE
  30 — Lesend am Strand, um 1930. Imagno/KEYSTONE
  32 — Lesend im Toten Meer. Science Photo Library/KEYSTONE
  37 — Brigitte Bardot und Michel Piccoli, in: *Le Mépris,* 1963. KEYSTONE
  38 — Jo Ann Kemmerling. Nina Leen/GETTY IMAGES
  47 — Queen Elizabeth II., 2002. CORBIS
  48 — Lesend auf der Toilette. Ferdinando Scianna/MAGNUM PHOTOS
  57 — Marilyn Monroe in Long Island, 1955. Eve Arnold/MAGNUM PHOTOS
  58 — Jackie Kennedy-Onassis, 1960. CORBIS
  60 — Gardasee, Italien, 1999. Martin Parr/MAGNUM PHOTOS
  62 — Tourismus, 1993. Martin Parr/MAGNUM PHOTOS
  67 — George Marston, Antarktis um 1907. Royal Geographical Society/KEYSTONE
  68 — Martines Beine, 1967. Henri Cartier-Bresson/MAGNUM PHOTOS
  70 — Eddie Constantine, in: *Alphaville – Une étrange aventure...,* 1965. KEYSTONE
  75 — Lesend im Zug. Ferdinando Scianna/MAGNUM PHOTOS
  76 — London, 2000. Martin Parr/MAGNUM PHOTOS
  78 — U-Bahn, New York, 1959. Henri Cartier-Bresson/MAGNUM PHOTOS
  85 — Lesend auf dem Schiff, um 1930. Imagno/KEYSTONE
  86 — Bei der Glyptothek, München, 1959. Herbert List/MAGNUM PHOTOS
  88 — Griechenland, 1989. Nikos Economopoulos/MAGNUM PHOTOS
  93 — Lesen in der Schule, um 1930. Imagno/KEYSTONE
  94 — Mobiler Buchladen, Bern 1939. Photopress-Archiv/KEYSTONE
111 — Lesend vor dem Bücherstapel. IBA-Archiv/KEYSTONE

Dieses Buch erscheint zum einjährigen Bestehen des «Westflügels». Es ist ein Geschenk für alle leidenschaftlichen Leserinnen und Leser. Überreicht von Ihrer Buchhandlung und dem Echtzeit Verlag.

Lesen Sie *Bücher fürs Leben* auch als eBook auf Ihrem iPad! Die kostenlose App des Echtzeit Verlags bietet darüber hinaus Einsicht in jedes Buch des Programms samt längerer Leseproben.

Bücher fürs Leben

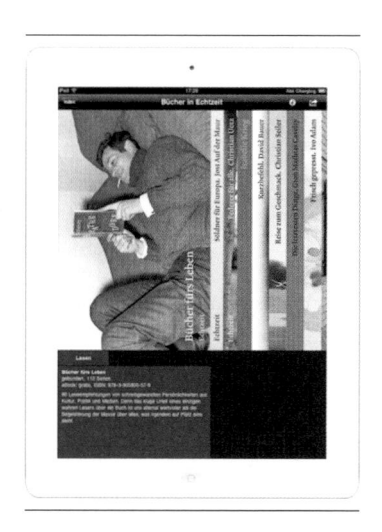

Die empfohlenen Bücher sind im «Westflügel» sowie in allen guten Buchhandlungen erhältlich.

www.westfluegel.ch, www.echtzeit.ch

FICTION

Dank an:
BUCHZENTRUM
DAS MAGAZIN für die Verwendung der Texte
KEYSTONE
sowie Alex Anderfuhren, Finn Canonica, Claudio Casutt, Sheena Czorniczek, Chris und Rea Eggli, Alexander Herzog, Wendelin Hess, Nina Hodel, Jann Jenatsch, Daniela Mitidieri, Beat Müller, Anuschka Roshani, Markus Schneider, Birgit Schmid, Matylda Walczak und Lars Willumeit. Und nicht zuletzt allen, die mit ihrer Empfehlung zu diesem Buch beigetragen haben.

1. Auflage 1. September 2011
Das Copyright der Texte liegt bei den Autoren
ISBN 978-3-905800-57-9

Gestaltung: Müller+Hess, Basel
Korrektorat: Max Wey
Lithografie: red.department, Zürich
Druck: CPI – Ebner & Spiegel, Ulm

www.echtzeit.ch